人類は「宗教」に勝てるか

一神教文明の終焉

町田宗鳳

Machida Soho

1085

NHKBOOKS

日本放送出版協会【刊】

Printed in Japan
［協力］山本則子
［版下作成］原 清人
［本文組版］海象社／天龍社

プロローグ

人類最大の敵は何か。もし、そのような質問が飛んでくれば、あなたならどう答えるだろうか。想像力豊かな人は、ほかの天体からやって来るエイリアンだと答えるかもしれない。たぶんその人は、「宇宙ＳＦ小説」のファンなのだと思うが、現時点では異星人の存在すら証明されていないのだから、残念ながらそのような回答は当面、却下せざるを得ない。

アメリカのゴア前副大統領なら、地球温暖化現象の原因となっている二酸化炭素だと答えるかもしれない。お会いしたときアメリカの良心を体現したような人物と感じたが、彼自身がその中枢にいたアメリカ政府は、二酸化炭素の世界最大の排出国でありながら、京都議定書を批准しようとしていない。たしかに二酸化炭素の増加は地球環境に深刻なダメージを与えつつある。しかし人類の叡智をもってすれば早晩解決の途は見えてこよう。

もう少し倫理的なものの考え方をする人なら、人間の欲望こそが人類の敵だと答えるかもしれない。たしかにわれわれは欲望があるから、いろいろと愚かな間違いを犯す。それは否定できない事実だが、かといって、まったく欲望がない人生など、果たして生き甲斐があるのだろうか。

われわれは欲望があるがゆえに苦しみもするが、それがゆえに努力もし、向上もする。五官の欲も満たされないことには、肉体をもって生きている意味もなくなる。無欲至上主義なら、早くホトケになって、仏壇に納まったほうがいい。

結論をいうなら、私はほかならぬ「宗教」こそが、人類最大の敵だと考えている。宗教は人間を救うものなのに、なんという暴論を吐くのか、という反論がきっとあると思うが、そのような反論をしようとする人の宗教への思い込みこそが、おおいに問題なのである。

その人が信じているのは、自分が属する教団組織、それを統括する教祖、その教祖が残した言説、多くの信者によって営まれる儀礼であって、宗教ではない。

俗に「色メガネで見る」という表現があるが、透明な光を独自の色メガネで見させようとしているのが、おおよその宗教ではなかろうか。ましてやその色メガネに度が入っていたりすれば、真っ直ぐなものも真っ直ぐに見えなくなってくる。私の宗教批判は、その色メガネに向けられているのであり、透明な光を否定するものではない。

一般的に宗教は〈愛〉を説くが、もし神なるものがおわしまし、その神が〈愛〉そのものだとすれば、その神と〈愛〉を引き裂いているのが、宗教である。そして、われわれは宗教に忠実であればあるほど、〈愛〉のない神を崇めることになる。宗教を熱心に信じれば信じるほど、他者に対して暴力的になったり、自分の人生を不幸にしたりしている人たちが、少なからず存在することは、私がここで指摘するまでもない。

ところで、『人類は「宗教」に勝てるか』といういささか過激なタイトルをつけた本書を書くことになったのには、自分自身、何か運命的なものを感じてしまう。すでに筆者の経歴をご存知の読者には繰り返しになり恐縮だが、私の宗教遍歴は、かなり屈折している。

私は京都の町によくある長い路地の奥の、粗末な借家に生まれ育った。姉も兄も産院で生まれたのに、どうして末っ子の私だけが自宅で生まれることになったのか、両親に聞いたことがあるが、笑ってごまかされた。たぶん入院費がなかったのだろう。母はそのとき後産が悪く、危うく命を落としかけたそうである。その瞬間が、私の親不孝歴の出発点であった。

私より五つ上の姉は、私が生まれる前に、不幸にも予防注射が原因で急死していた。その後、何十年経っても両親は亡くなった姉がいかに聡明で可愛かったかを口にしていたから、その悲しみはよほど深かったにちがいない。

同じ悲劇を繰り返したくない両親は、虚弱体質の私に対して過保護となった。たしかに私は、しばしば風邪を引き、高熱にうなされることがあった。そのたびごとに、私は恐ろしい夢を見、幼いながら「死んだら、どこに行くのかな」と考えるようになった。

両親は別段、信心深い人たちではなかったが、母方の祖母は弘法さん（東寺）と天神さん（北野天満宮）の月参りを欠かさない人だった。大好きな祖母に連れられて、私もしばしば弘法さんと天神さんにお参りするようになった。弘法さんでは豆大福を、天神さんでは酒かすを甘くした「こぼれ梅」という菓子を食べさせてもらえるのが、楽しみだったからである。

でも弘法さんと天神さんの境内で、豆大福やら「こぼれ梅」をほおばるうちに、小学生だった私の心の中に信仰心のタネがまかれていたのかもしれない。事業に失敗してからというもの、酒浸りになっていた祖父に連れ添う祖母は、どこまでも苦労人であったが、備後《びんご》福山城主だった水野家家臣の血を引くというだけあって、どこか毅然とした品格をそなえていた。九十二歳まで独り暮らしを続けていた祖母は、その日までかくしゃくとし、コタツの中で合掌したまま亡くなった。

弘法さんと天神さんに月参りしていたころから、おおよそ五十年経った二〇〇六年、私が「文明共存論」を担当するために広島大学に移り、福山市郊外の山寺に暮らすようになったのも、偶然にしてはあまりにも不思議な成り行きである。

さて小学校六年生ぐらいになると、クラスメートに誘われて、日曜日ごとにキリスト教の教会に通うようになったのも、そのような幼少期の下地があったからである。

今もある教会の建物は、当時の京都にしては珍しい教会建築であった。礼拝堂には、ひんやりとした空気が漂い、私は古びた長イスに坐って、弘法さんや天神さんでは味わうことのなかった教会の荘厳な雰囲気に浸るのが好きだった。

牧師さんが話し聞かせてくれる聖書の話も新鮮であった。そのときよほど聖書というものに関心をもったのか、その後、何年かして高校生になってからも、聖書研究会というものに入ったぐらいである。

しかし教会に来る若者たちは、どちらかといえば裕福な家庭の子が多かった。身なりも良かったし、英会話を学んでいたりした。路地裏の貧家で育った私は、そういうことに対して、妙なコンプレックスを抱きはじめていた。そしてそのうちに、実直そうな牧師さんの息子さんが、なんらかの理由で自殺したということを耳にして、宗教家の理想と現実の間に横たわる齟齬《そご》にいいようのない苛立ちを覚えた。

中学校に進むと、近くにある大徳寺の小僧さんをしていたクラスメートと仲良くなった。ときどきお寺に訪ねていくと、和尚さんと小僧さんたちが手ぬぐいでハゲ頭を包みながら、懸命に畑を耕したり、まき割りをしていた。それは、教会で正装をして聖書を読んだり、賛美歌を歌ったりするのとは、まったく異質な世界だった。建前ではなく、本音の宗教がそこにあるような気がした。

お寺に足を運ぶたびに、だんだんと私は禅寺の生活に魅力を感じはじめていた。そのころ神経質な私は、慢性のひどい下痢に悩んでいたので、自分の体をなんとかしたいという気持ちも強くもっていた。

お寺で体を鍛えれば、もっと強い自分になれるかもしれないと思った私は、ある日、思い切って「しばらくお寺に置いてください」と住職に願い出た。弟子を増やしたいと考えていた住職の思惑もあったのか、すぐに許されたが、私はお坊さんになる気など毛頭なかった。

それは、忘れもしない中学二年生の冬休みの出来事であった。いつものように教会のクリスマス・キャロルに加わって、キャンドルを灯しながら、京都の町を練り歩いた。そして、その一週間後の大晦日の晩、私は両親に「大徳寺の除夜の鐘を突きに行ってくる」といって、風呂敷包み一つに着替えを入れ、寺に向かった。

その瞬間、私は二度目の親不孝を実行に移したことになる。以来、二十年間、自分でもまったく予期しないことであったが、私は寺の土塀の中で暮らすことになったからである。ずいぶん突飛な少年だったに違いないが、今ではそれが私の「宿世の因縁」であったと思っている。その間、たいした体験があったわけではない。小僧時代は掃除と畑仕事とまき割りに、雲水時代は托鉢《たくはつ》と作務と坐禅に明け暮れた。それだけのことである。

しかし長い僧堂生活で私がもっとも深く学んだことは、情けないことであるが、人間の意地の悪さであった。一部の雲水の思慮のなさや横暴にほとほと嫌気がさし、修行が人間性の本質をどこまで改善し得るのかということに対して、懐疑的になってしまった。修行歴の長さとは裏腹に、自分自身の中にも何か不純なものが大きくなっていくようで、矛盾を感じていた。

そんなとき、師匠が急死し、私は僧堂に残るか去るかの岐路に立たされてしまった。迷いあぐねた私は、当時、禅宗界のホープと目されていた某有名寺院の管長にお会いし、現代における禅修行の有効性について正面から意見をぶつけてみた。

若い修行僧がそのような挙に出ることは前代未聞の出来事であり、案の定、おおいに周囲の顰蹙《ひんしゅく》を買った。しかも私と議論を交わした当の管長が、一ヶ月後にみずから命を絶たれるという驚愕《きょうがく》の事件が起きた。

四面楚歌の中で、私は寺を去る決意をした。三十代半ばになっていた私が僧侶という職業に身を固めることに、ようやく納得しはじめていた両親に対して三度目の親不孝であった。

寺院組織という後ろ盾を失い、これからは一人で生きていかなくてはならないという解放感と不安感は、今も忘れがたいものがある。厳しい僧堂生活の中で読書すら許されなかった反動から、私は当面、禅宗以外の、できれば仏教以外の宗教のことを学び、仏教を外から見てみたいと思った。

詳しいことの顚末《てんまつ》は『文明の衝突を生きる』（法蔵館）に譲るが、その後しばらくして、神の悪戯なのか、大学すら出ていない私に、アメリカの大学でキリスト教神学を学ぶ機会が与えられることなった。

以来、五十歳まで私の海外での学究生活は続き、いつか親孝行をしてくれるだろうと願って「孝次郎」と名づけた次男の私から、その間、一度の孝行らしい孝行を受けることもなく、両親は他界した。私は今も毎朝、仏壇に向かう習慣があるが、それは贖罪《しょくざい》の行為以外の何ものでもない。

やがて大学を卒業し、アメリカやシンガポールの大学で教鞭をとるようになった私は、比較宗教学者として世界各地を飛び回るようになり、仏教やキリスト教以外の宗教にも、直接触れる機会を多くもつことになった。とくに一神教文化圏のアメリカ東海岸から多神教文化圏であるアジアの拠点シンガポールへの移住は、私の宗教観を一新するほどのインパクトがあった。

そのような軌跡をたどってきた私の支離滅裂な人間性を批判する人があれば、私はその批判に甘んじる覚悟はできている。しかし、人になんといわれようとも、私には祖母に連れられて弘法さんや天神さんにお参りしていたころから現在にいたるまで、なにか一貫したものが自分の中でいよいよ明らかになりつつあるという確信がある。その確信を一つの具体的なかたちにしたものが、本書である。

宗教は〈愛〉と〈赦《ゆる》し〉を説くが、人を幸せにしない。人類社会を平和にもしない。なぜか。宗教とは人間の勝手な思惑で作り上げられたフィクションに過ぎないからである。それが私の長い宗教遍歴の結論である。

鈴木大拙は、「色即是空、空即是色」のフレーズに象徴される般若思想の核心を「即非の論理」と呼んだが、それは「AはAでないがゆえに、AはAである」という考え方である。その「即非の論理」の観点からいうならば、自己否定を経ない「宗教」や「神」は、残念ながら虚構といったほうが正しい。

すでになんらかの信仰をもつ人にとっては、本書の内容は、すぐには承服しがたい点が多々あると思われるが、筆者の真意をご理解いただくためにも、最後まで辛抱強くお読みくださることを切にお願いする次第である。

人類は「宗教」に勝てるか——一神教文明の終焉

【目次】

第三章　多神教的コスモロジーの復活　105

第四章　無神教的コスモロジーの時代へ　145

第一章●エルサレムは「神の死に場所」か

三大宗教の聖地にて

偶然かどうか知らないが、私はこの原稿をイスラエルの聖地エルサレムで書こうとしている。運のいいことに私が滞在しているホテルの窓からは、数千年にわたる一神教の歴史が岩盤のように凝縮されている旧市街地の丘が一望できる。

冬の透明な空気の中で、夜明けから日没まで刻々と変化する太陽の光を受け、その丘が生き物のように姿を変えるのを目の当たりにしている。遠目にまじまじと眺めていると、巨大な蛇が黒々とウロコを光らせながら、トグロを巻いているようにも見えてくる。

いつか山陰地方で見た石見神楽《いわみかぐら》では、巨大なヤマタノオロチが登場してきたが、どことなく愛嬌があり、またたくまにスサノオに退治されてしまうだけのことはあった。しかし今、私の目の前にわだかまるエルサレムのオロチには、身の毛もよだつようなすごみと存在感がある。

夜になると、今度はあちこちの建物がライトアップされ、まるで過去のあらゆる宗教戦争で、あえなく命を奪われた無数の亡霊たちによって、これから壮大なオペラが演じられようとしている劇場にも見えてきた。

この城壁に囲まれた小さな町で、人々は神に額づき、神に命を捧げ、そして神の名において、幾多の血を流してきたと思えば、これほど神聖で、なおかつ不気味な空間はない。ユダヤ教、キリスト教、イスラム教の三大宗教が聖地の中の聖地とみなすエルサレムの町で二千年以上もの間続いているのは、憎悪と暴力の歴史である。

人類が戦争という愚かな行為を繰り返すのか、それともその愚かさに気づき、ようやく平和の道を歩み出すのか、これからこの丘で何が起きようとしているのか、それによって決まるような気がしてならなかった。

神殿の丘の上で金色に輝いているのは、イスラム教の聖地「岩のドーム」である。最後の予言者ムハンマドが天使ガブリエルに導かれて、一夜のうちにメッカのカーバ神殿からエルサレムまで飛来し、ドームの中にある「聖なる岩」から馬に乗って昇天し、天上でイエス、モーセ、アブラハムに出会ったとされる。

図1-1　岩のドーム（筆者撮影）

そういえば処女マリアに、彼女が聖霊によってキリストを身ごもるであろうと「受胎告知」をしたのも、天使ガブリエルだったはずだ。これらのエピソードからだけでも、キリスト教とイスラム教がきわめて近い関係にあることが伺えるのだが、長い歴史の大部分において、両者は犬猿の仲にあった。

図1-2　嘆きの壁（共同通信社提供）

人類が再びとんでもない過ちを犯してしまう前に、天使ガブリエルは、もう一度、天から舞い降りてきたほうがいいのではなかろうか。高みの見物を決めているとしたら、それは天使の職務怠慢である。

さしずめ「岩のドーム」は、仏教徒にとって、釈尊が菩提樹下で成道《じょうどう》したとされるブッダガヤに相当するといえようか。バーミヤンの石仏が爆破されても、まさかイスラム教徒過激派に報復しようなどと思いもよらない仏教徒とは対照的に、イスラム教徒にとっては、ムハンマドに由緒のある土地はすべて、何があっても死守しなければならない聖地である。

しかも、中にある「聖なる岩」は一神教の祖アブラハムが息子イサクを神のために犠牲にしようと、剣を振りかざした場所でもあり、ユダヤ教徒とキリスト教徒にとっても、きわめて重要な聖地でもある。

その丘の真下にある「嘆きの壁」では、黒衣に身を包み、長髪をカールさせたユダヤ教徒が激しく体を揺さぶりながら、一心に祈っている。壁の前の広場には、少年の通過儀礼であるバルミツバのために多くの人たちが集まってトーラを唱えている。ここでは誰もが真剣であるが、しかもその真剣さがエルサレムの神殿がローマ軍によって破壊されて以来、二千年も続いているのである。

共同管理される「イエスの死に場所」

そこから少し離れたところにある聖墳墓教会は、イエス受難の地ゴルゴタの丘に建っている。茨の冠をかぶせられたイエスは、人々の口から吐きかけられる罵詈《ばり》雑言《ぞうごん》と唾の双方を浴びながら、ヴィア・ドロローサ（悲しみの道）の石段を一歩一歩登った。背負わされた十字架の重みと、迫り来る死への恐怖は、人の子イエスを苦渋と疲労の極みに追いやっていた。

ローマ兵に鞭打たれながら倒れこむように着いた丘の上で、イエスは十字架上の人となった。無残にも大きな釘が打ちつけられた彼の両手首からは、おびただしい血が流れ、十字架を真っ赤に染めた。

十字架刑は元来、古代エジプト、ペルシア、フェニキアあたりで用いられていた処刑法らしいが、ローマ帝国時代には奴隷や重罪人を見せしめのために十字架にはりつけ、死ぬまで放置することになっていた。十字架刑を目撃したギリシア人地理学者アルテミドロスが、「丘の上で踊っている」と表現したのは、罪人があまりの苦痛に手足を引きつらせ、長時間苦しみもがく姿のことだった。

イエスも同様に数時間もだえ苦しんだ挙句に、「エリ、エリ、レマ、サバクタニ（わが神、わが神、なぜわたしをお見捨てになったのですか)」と、大声で叫んでから息を引き取った。

聖母マリアとマグダラのマリアは、群集にまぎれてその一部始終を見ていたはずだが、人々に疑われないために、絶望の悲鳴をあげることすらできなかった。やがて、彼女たちは冷たくなったイエスの遺体を抱きかかえるように引き取り、ヨセフとニコデモが埋葬地まで運んだ。

無残にもイエスが流した血のゆえに、人々の罪はとこしなえに贖《あがな》われることになった。そして三日後に墓にやって来たマグダラのマリアの前に、イエスは復活の姿を現わし、人々に福音を説いた。キリスト教の始まりである。

図1-3　聖墳墓教会での祈り（俵正実提供）

聖墳墓教会は、イエスの受難が実際に起きた場所に建っており、世界各地からの巡礼者が絶えることもない。あちこちで、巡礼者たちが聖書を開いて朗誦《ろうしょう》し、賛美歌を歌っている。クリスチャンにとっては、聖地の中の聖地である。

にもかかわらず、そこで目にするのは、愚かにも愚かな現実である。聖墳墓教会はキリスト教の諸会派が、建前では「共同管理」していることになっているが、じつは各会派が反目しあい、相互不信があまりにひどいために、教会の鍵は幾世代にもわたって、近所に暮らすイスラム教徒の家族が管理してきた。

正面の祭壇でミサを行なえるのはギリシア正教の僧侶のみであり、隣接する小さめの祭壇でミサを開くことができるのは、カトリック教の僧侶のみである。アルメニア教会、コプト正教会、シリア正教会の僧侶は、そこで祈ることさえもできない。二〇〇四年の世界キリスト教情報というウエブサイトを開いてみると、次のような記事が載せられている。

エルサレムの聖墳墓教会の管理を巡っては、共有しているキリスト教各派の間で古くから論争が続いているが、九月二七日に一騒動があった。

ギリシャ正教会、ローマ・カトリック教会、アルメニア正教会、エチオピアとエジプトのコプト教会、シリア正教会の各派は一七五七年、当時のイスラム教オスマン帝国が認めた「既得権」の下で、それぞれの領域を占有している。

同日の事件は、四世紀にローマ帝国のコンスタンチヌス帝の母ヘレナがエルサレムに巡礼で訪れたのを記念してギリシア正教会が式典を行っている最中に起きた。

正教会の行列が、敷地内のカトリック教会の聖堂入り口に来た時に、カトリック側が聖堂への立ち入りを阻止しようとした。その際、正教会司祭がカトリック司祭を殴打し、じゃがいもの袋のように外に投げ出した、とイスラエルの観光ガイド、アビアド・サルシャローム氏が語った。

警察が現場に駆けつけ、正教会の聖職者四人を逮捕した。その際に警察官を含め、少なくとも五人が負傷した。

ギリシア正教会側は殴打を否定、事件の責任は管理者のフランシスコ修道会にある、と主張している。(http://cjcskj.exblog.jp/m2004-10-01)

イエス受難の地で、なんという馬鹿げたことが起きているのだろうか。クリスチャンでなくても、憤りを覚えざるを得ない。一九七一年にも、ある会派の僧侶が「既得権」を越える階段をほんの二、三段、箒《ほうき》で掃いたという理由で殺傷事件が起きている。果たして聖書を手にして、神を語る資格が聖職者にあるとは思えない。

ゴルゴタとは、古代のアラム語では「髑髏《どくろ》」を意味するらしいが、この教会は「神の死に場所」ではないのか。はるばる日本から、この歴史的な聖地にやって来て、そういう疑問をもたざるを得なかった。

たしかにエルサレム旧市街地のある丘は、不思議なエネルギーを発する特殊な磁場のようであり、そこに三つの宗教の聖地が誕生したのは、偶然とは思わない。そこで、人類の宗教史における一つの大きな幕場が展開したことも頷《うなず》ける。

しかしそこに渦巻いているのは、不信と憎悪のエネルギーであって、宗教が説いている〈愛〉のエネルギーではない。超保守派のユダヤ教徒は神殿の丘にある「岩のドーム」をイスラム教徒の手から奪還して、そこに紀元前九六五年にソロモン王が建てたという神殿を再建しないことには、メシア（救世主）が降臨できないと、本気で考えている。

そういう彼らを背後からあおり立てているのが、アメリカのキリスト教連合を代表とするキリスト教原理主義者たちである。もし万が一、彼らの妄想が実行に移される日があるとしたなら、それは救世主が降臨するのではなく、「火と煙と硫黄、この三つの災いで人間の三分の一が殺された」（「黙示録」9：18）という予言が実現する人類にとってもっとも悲しい日となるだろう。

文明を「分離」する壁は果てしなく

エルサレム滞在中、たまたまクリスマスでもあったため、イエス生誕の地ベツレヘムにも出かけた。「プロローグ」で記したように、キャンドルを手に賛美歌を歌いながら、京都の町を練り歩いたクリスマス・イブのことを思い出す。あれから四十年という歳月を経て、まさか自分が宗教学者としてベツレヘムを訪れることになるとは、想像だにしなかったことである。

外国人観光客専用のツアーバスになんか乗りたくない私は、アラブ人用の小さな乗り合いバスを利用することにしたのだが、バスが走り出したかと思うと、エルサレム市内の路上で急にイスラエル兵に止められた。こちらにやましいことがなくても、一瞬、不安な思いが胸をよぎる。

マシンガンをもった二十歳前後の若い女性兵が乗り込んできて、乗客全員の身分証明書が点検される。いかつい顔をした中年のパレスチナ人男性が一人、バスから降ろされ、なにやら詰問されている。もし私が彼の立場だったら、どのような気持ちになるだろう。

乗客の苛立《いらだ》ちが車内に立ちこもるころ、ようやくバスは走り出した。こうしてエルサレムからパレスチナ人しか客とならないバスに乗っていると、悪名の高かった南アフリカのアパルトヘイトや、民権法制定以前のアメリカのことを思い出してしまう。差別される側の人間のやる方のない憤懣《ふんまん》は、必ずやそのはけ口を探し求めているはずだ。

二十分も走ると、全員が黙々とバスから降りていく。何かと思って、曇る窓ガラスをこすって外を見てみると、そびえるようなコンクリートの分離壁が立ちすくんでいた。ホテルの窓からもエルサレム周辺に延々と続く分離壁は遠目に見えていたが、ここまで高いものとは想像しなかった。

図1-4　ヨルダン川西岸分離壁（毎日新聞社提供）

バスはここが終点で、乗客は徒歩でイスラエル側の検問所を通過しなくてはならないのだ。キリスト教の聖地ベツレヘムは、もはや八メートルもある分離壁に四方を囲まれるパレスチナ自治区の中にある。高い塀に、電流の流れる鉄条網。まるでナチスによるユダヤ人収容所の悪夢が再現されたような光景である。現在のイスラエル国民は、かつて自分たちの眷属《けんぞく》が収容所に押し込められた恨みを、このようなかたちで晴らそうとしているのだろうか。

露骨な人種差別を覆い隠すように、イスラエル側の壁には「Peace With You（あなたに平和を）」という大きな横断幕が壁から垂らされている。皮肉なことに同じ壁の裏側には、パレスチナ人による「お前たちは人間じゃない」「殺してやる」「必ずこの壁はぶっ壊してやる」など穏やかならぬ落書きが書かれているのであった。

監禁されているのはどちらか

恐ろしい雰囲気の検問所でも、日本人パスポートを見せれば、難なく通してもらえるが、パレスチナ人はいろいろと尋問されている。ようやく検問所を通過し、バスでも待っているのかと思いきや、インフラが遮断された自治区には公共の交通手段がまったくなかった。やむなくタクシーで降誕聖堂に向かい、その広場で降りた。分離壁で囲まれた自治区は、失業率が四〇パーセント、貧困率が六〇パーセント以上もあり、経済的にも心理的にも、パレスチナ人の首を締めつけている。

そのような生殺し状態の町の中で暮らす人々は、ずいぶん暗い顔をしているのだろうと憶測していたが、驚いたことに彼らの目は穏やかで、イスラエルの住民よりも明るく、屈託がない。寒かったので、大きなヤカンを炭火で温めながらアラブ・コーヒーを売る青年二人から一杯のコーヒーを買い求め、しばし冗談を交わしたが、そのようなささやかな心の通い合いすら、イスラエルでは体験することがなかった。

どこにもマシンガンを構える兵士もいなかったし、警官すら丸腰であった。パレスチナ人とユダヤ人が反目し合って暮らすイスラエル領土とは異なり、ここにはパレスチナ人しかいない。そんな安堵感が、住民の明るさを作っているのだろうか。

これと似たような安堵感を、以前どこかの町で感じたことがある。どこだったのか。そして、やっと思い出したのは、フィリピンの首都マニラにある恐怖のスラム街、トンド地区である。

私は、ほかの学者仲間と生命倫理研究の一環で、そこへ臓器売買の現場を見に行ったことがある。失業者のみならず、麻薬患者、誘拐犯、殺人犯、売春婦などが暮らす無法地帯トンドは、警察とても一歩も踏み入ることができない。

三階建てのバラックが蟻の巣のように、びっしりと港湾地帯を埋め尽くしている。狭い路地は昼も暗く、その奥で何が起きているのか、否が応でも想像が掻き立てられる。

かなり逡巡《しゅんじゅん》したが、意を決して壁の中に入ってみると、トンドの住民も一瞬、異邦人の侵入に驚いたようだったが、われわれを笑顔で迎えてくれた。

男の子は三階の床から勢いよく小便をし、若者はゴミ籠を電柱にくくりつけて、バスケットボールをしている。陽気な女たちは、色とりどりの洗濯物を干し、男たちは昼間から酒盛りをしていた。私にも生ホルモンをつまんで、正体不明の酒を飲むように勧めてくれたが、劇症肝炎多発地帯と聞いていたので、好意だけしか受け取ることができなかった。

パレスチナでもトンドでも、壁の外にいる人間の目には、そこはフーコーのいう「狂気」や、バタイユのいう「エロティシズム」が押し込められた反社会的な闇の世界としか見えない。しかし、壁の中には一切の虚栄と社会的常識から解放された裸の人間しか味わうことができない明るさがあるのだ。「狂気」を監禁したと思っているほうが、じつは監禁されているのではないか。

しかしベツレヘムの町を歩いていると、自爆テロを実行した若者を英雄として讃えるカラーポスターが、いたるところに貼られていた。そのポスターをまじまじと見つめながら、やはりここまで抑圧されてしまうと、一人でも多くのユダヤ人を倒そうとする心理になるのであろうかと、考え込んでしまう。

帰りも、ベツレヘムの町から検問所までタクシーを拾ったが、乗ったとたんに両脇のドアから二人の若者が乗り込んできたのには、度肝を抜かれた。以前、ベトナムのホーチミン市で同じようにして、集団強盗に襲われた経験があるので、「またやられたか」と思ったが運転手の友達がふざけてやっただけであった。

もしこれがニューヨークだったら、生きた心地がしなかっただろう。世界最強の超大国に犯罪があふれ、自分たちの国すらもてない亡国の民パレスチナ人の町で治安がよいというのは、なんとも皮肉な現象である。

パレスチナ側からエルサレム側への移動は、もっと非人間的な検閲を受けなければならない。どれだけ多くの人間が並んでいようとも、まるで食肉処理場に送り込まれる家畜のように、一人ずつ回転ドアの前で待たされる。

ドアの上の緑のライトがつくのを確認して、やっとの思いで、そこを通ると、今度は厳格な荷物検査である。何度も何度もやり直しを命ぜられている者もいる。腰に爆弾を巻いた自爆テロリストがいるかもしれないので、イスラエル兵はトーチカのような鉄の箱の中にとどまっている。

そこからマイクで怒鳴るように指示するだけで、パレスチナ人の体に触れることは絶対にない仕組みになっている。まるで保健所職員が狂犬病の犬を扱うようでもあり、人間同士の不信が行き着くところまで行き着いた感がある。

　荷物検査がようやく終わると、通行許可証を見せた上で、イスラエル兵の質問に答えなくてはならない。ちなみに通行許可証をもっているのは、イスラエル領内に身元保証人がいる人たちだけである。それがなければ、一生、自治区の中で囚人のように過ごすことになる。

図1-5　パレスチナ側からエルサレム側へ入る検問（筆者撮影）

　イスラエル政府は、頻繁《ひんぱん》に起きる国内でのテロ防止対策として分離壁を建設したのであり、恒常的にテロの恐怖にさらされているイスラエル国民にとっては、やむを得ない措置なのだろう。通勤時の満員バスが何度も爆破されているイスラエル人の気持ちもわからないわけではない。

　しかし、イスラエルがパレスチナ人に、ここまで強硬な態度を見せなければ、そもそもテロが起きなかったかもしれないし、どちらにせよ、隣人同士がここまで徹底した猜疑心《さいぎしん》の中で生きていかなくてはならないというのは、悲しい話である。

　しかも神の子イエスが生まれたとされるキリスト教の

聖地ベツレヘムにおいて、同じ神を拝んでいるはずのユダヤ教徒がイスラム教徒のパレスチナ人を幽閉するという構図は、考えれば考えるほど不可解である。

イエス誕生の際、ローマから派遣された統治者ヘロデ王は、東方からやって来た博士たちから、「将来、ユダヤの王となる人物が出現したはずだ」という知らせを聞いて、ベツレヘム一帯にいる二歳以下の赤子を皆殺しにした。

そのときかけがえのない子供を失った親たちの呪いが、二十一世紀の現代に舞い戻ってきたのだろうか。やはりこの町で起きている問題を解決することができるかどうかで、一神教の未来が決定づけられているように思えてならない。

存在しない隣人

中東諸国を旅していると、ユダヤ教徒とイスラム教徒が、それぞれに相手を犯罪者のように語るのを耳にすることがある。日本人のわれわれの目からすれば、どちらも善良な人間のように思われるのだが、彼らの間に会話は成立しない。

そういえば二〇〇七年、東京で開かれた外務省主催の「第五回イスラム世界と文明間の対話セミナー」の席上で、ここにイスラエル代表も招いて対話の糸口をもつべきだという私の提案に対して、ある著名なイスラム教徒作家がイスラエルについて、「存在しないものなどと対話などする気は毛頭ない。あの地域に存在しているのは、ただのホットエアー（熱気）にすぎない」と怒気を込めて反論したのには、驚かされた。

同じ啓典の民でありながら、そこまで憎しみ合わなければならない人間の悲劇を、全知全能という一神教の神は、天上でどう見ているのだろうか。

さて、分離壁というのは、異なる二つの宗教と民族を分離しているというだけでなく、それは近代文明そのものが抱える本質的な「分裂」を、もっともわかりやすいかたちで、われわれの肉眼に見せてくれているように思えてならない。

その「分裂」とは、近代文明において引き裂かれた状態にある自己と他者、宗教と科学、個人と共同体、自然と人間のことであり、これらの両極が統合されないかぎり、人間の本能は地上のどこかに、越えることのできない高い壁を建てようとするのであろう。

四千年前のトラウマを教義にした宗教

日本人のわれわれが、パレスチナ人を苦境に追いやるユダヤ人の強圧ぶりを批判することは、簡単である。しかし、もし自分がユダヤ人として生まれ落ち、その過酷な民族の歴史を自分の身の上に感じるとしたら、果たして彼らを批判する気になれるだろうか。

私はエルサレムの旧市街を歩き回るうちに、別に探すつもりもなかったのだが、イエスが「最後の晩餐《ばんさん》」を開いたというシオンの丘にある「過ぎ越しの部屋」にたどり着いた。

不思議と誰もいなかったのだが、この部屋でイエスは弟子たちに向かい、「わたしを裏切る者がわたしと一緒に手を食卓に置いている」という厳しい言葉を吐いたのだろうかと感慨に浸った。

クリスチャンがユダヤ人を差別する淵源には、このときのユダの裏切りがある。イエス自身も正真正銘のユダヤ人だったはずだが、その事実は無視して、ユダヤ人は「金で主イエスを裏切ったユダ」の子孫であるという見方が定着し、西欧社会に反ユダヤ主義が拡大していった。その反ユダヤ主義の最終到達点が、ヒトラーによるホロコーストだったのである。

もっとも最近になって、幻の福音書といわれた『ユダの福音書』の、千七百年前の写本が発見され、従来のユダ観をくつがえすストーリーが解読されている。それは、パピルス紙に古代エジプト語（コプト語）で書かれたもので、「過ぎ越しの祭りが始まる三日前、イスカリオテのユダとの一週間の対話でイエスが語った秘密の啓示」という条《くだり》から始まる。

図1-6　過ぎ越しの部屋（俵正実提供）

イエスは、ほかの弟子とは違い、唯一人、教えを正しく理解していたとユダを褒め、「お前は、真のわたしを包むこの肉体を犠牲とし、すべての弟子たちを超える存在になる」と、みずからを官憲へ引き渡すよう指示したという。

歴史をくつがえすような驚くべき記述であるが、もしこれが事実だとしても、キリスト教社会に根強く定着してしまったユダへの反感を拭い去ることにはならないだろう。

さて「最後の晩餐」が開かれた建物のすぐ横にイスラエル建国の英雄ダビデの墓があり、そこでも嘆きの壁以上に熱心に、メシア（救世主）再来を祈るユダヤ教徒たちに出会った。

仏教寺院でいえば、奥の院とでも呼ばれるような聖域のはずだが、私のような一旅行者がふらふらと訪ねて行っても、追い払われることはなかった。ダビデの墓の前で、まだ童顔ながらユダヤ教正統派の装束で身を固めた二人の少年に出会った。話しかけてみると、ユダヤ教の教義とヘブライ語の学習のために親元を離れ、アメリカからエルサレムに留学しているという。「シオンの丘に戻ろう」というユダヤ人の合言葉でもあるシオニズムの最先端にいる若者たちである。

「ホロコースト博物館」にて

そこから出ると、たまたま「ホロコースト博物館」という看板が目に入った。私は以前にも、プラハ郊外のテレジーン収容所を訪ねたとき、そのような資料館を見たので、今度は止めておこうかと思ったのだが、やはり通り過ぎることはできなかった。

公共の博物館と思っていたのだが、入って行くと、薄汚いかっこうをした管理人が、口早に宣伝を始めた。室内には参観者が誰もおらず、その胡散《うさん》臭さはすぐにわかったが、入り口まで来てしまった以上、引き返すのも煩わしく、勧められるままに一人で回った。

そこで目にしたホロコーストの現場写真は薄汚れ、雑然と展示されていたために、よけいに悲壮であった。みずから掘らされた墓穴の前に裸体で立ち、次々と射殺される者、収容所の電流鉄条網に絡んだまま絶命する者、ドイツ兵に犯されたのか、血を流しながら、路上にうずくまる女性。生々しい虐殺写真を見ているうちに悪寒がし、激しい頭痛と嘔吐感を覚えた。

そのような感覚は以前、カンボジアのプノンペンで、ポル・ポト政権が実際に拷問のために使用したトゥールスレン収容所を訪れたときにも感じたものであるが、一刻も早くその場を去りたい気持ちと、そこから目を逸《そ》らしてはならないという責任感のようなものが、私の心の中でせめぎ合っていた。

抑圧の裏返しの選民意識

このように、エルサレムでの宗教対立の根源にあるのは、ユダヤ教徒が体験してきた苦渋の歴史的記憶である。紀元前二〇〇〇年にエジプトの奴隷となって以来、バビロン捕囚《ほしゅう》やローマ軍の攻撃など、四千年もの間、ディアスポラ（離散）の歴史を強いられてきたユダヤ民族が、他民族に対して徹底した不信感を抱くようになってしまったのも、無理からぬことである。

そして、そのような民族的トラウマを歴史的世界から切り離し、神話として教義の中に組み込むことによって生まれてきたのが、ユダヤ教である。たとえば、ユダヤ人には自分たちだけが神の意志を受け継ぐことのできる民族であるという選民思想があるが、それはまさに徹底した被差別意識が反転したものであるといえる。

社会心理学者の岸田秀も『アメリカの正義病・イスラムの原理病』の中で、虐げられ抑圧された被差別民ほど、失われたものを埋め合わせようとする意識が強くなり、全知全能の神という観念に固執するようになると主張している。そういえば、初期のキリスト教徒もイスラム教徒も、差別され、迫害を受けた人たちであった。

そして、「汚れた霊どもは、ヘブライ語で『ハルマゲドン』と呼ばれる所に、王たちを集めた」

（「ヨハネの黙示録」16：16）という最終戦争が起こり、世界が壊滅的な状態になっても、神から選ばれた自分たちだけは生き残るという信仰へと発展していったわけである。

十二世紀以降のヨーロッパでは、さまざまなかたちで組織的なユダヤ人迫害が繰り返されたが、苦難にあえばあうほど、彼らの選民意識は強くなっていった。

ユダヤ民族が作ったイスラエルという国が、国連やほかの国々からどれだけ非難されても、女性も含めた国民皆兵制と莫大な資金を使って世界最強の軍事力を増強しながら、近隣諸国に強硬な態度を貫いているのは、そのような宗教的根拠があるからである。

少しでも油断すれば、亡国の憂き目にさらされる。近代史においても、六百万人のユダヤ人がホロコーストによって、あまりにも惨たらしい死に方を強いられたわけだから、彼らの悲壮感が和らぐことはない。

これだけ酷い目にあってきたのだから、弱者に対する理解が深まってもよさそうなものだが、濃厚な〈影〉となってしまった被差別意識を、逆にパレスチナ人という他者に投影してしまっているのが、現在のイスラエルである。

少し冷静に歴史を振り返ってみれば、幾世紀にもわたって、ひどくユダヤ人を迫害してきたのは、主としてクリスチャンであったことは明白である。イエスを磔刑《たっけい》に追いやったユダヤ人民衆の「その血の責任は、我々と子孫にある」（「マタイ福音書」27：25）という言葉が、ユダヤ人差別の言質となって、幾世代ものクリスチャンに受け継がれてきたからである。

なのに、ユダヤ教徒の恨みはクリスチャンではなく、イスラム教徒に向かって、すり変えられてしまっているところに、たんに国際政治学だけでは解明されない中東問題の心理的複雑さがある。

ユダヤ人がイスラエルという国を建国することによって、土地を奪われたパレスチナ人も、ホロコーストと同じ六百万人という数である。その不思議な数字の一致に、反復する人類の歴史を感じるが、ユダヤ人とアラブ人は、アブラハムという先祖を共有し、民族的にも兄弟関係にある。

おまけにユダヤ教徒もイスラム教徒も、旧約聖書を聖典と崇めているわけだから、信仰も共有している。ヤハウェとアッラーは別な神ではない。呼称が異なるだけで、同じ神である。宗教儀礼にも似た側面が多数ある。

ユダヤ人がトラウマを正面から受け止め、他者への抑圧を止めないかぎり、中東に平和はやって来ないだろう。どれだけ高く堅固なコンクリート壁を構築しても、必ず崩れ去る日がやって来ると断言できる。なぜなら、パレスチナ人はそれを崩したいと願っており、そう思う人間の心は、鉄よりも固いからである。

キリスト教は〈愛〉の宗教か

そのような重い過去を背負ったユダヤ教の厳格主義を脱却して、〈愛〉と〈赦し〉の教えを前面に出してきたのが、宗教改革者としてのイエス・キリストである。たしかに聖書は愛と赦しの言葉に満ちている。「隣人を自分のように愛しなさい」(「マタイ福音書」22:39)というイエスの教えから、隣人愛という言葉が生まれたぐらいである。

イエスは、「敵を愛し、自分を迫害する者のために祈りなさい」(「マタイ福音書」5:44)とも語った。素晴らしい言葉である。この教えをわれわれが、たった一日でも守れるのなら、たちどころに世界平和が実現する。

そうなれば、アメリカが国内外で使っている一日約一千億円の軍事費と、諸外国の膨大な武器購入費が全部、人類の福祉のために注がれることになる。そして今日という日一日だけで、世界のどこかで四万人もの人が餓死しているという惨状も止められるはずだ。しかし現実世界では、敵の血ばかりではなく、隣人の血すらも流れない日はない。

「もし、だれかが左の頬を殴るのなら、右の頬をも向けてやりなさい」といったイエスも、ユダヤ教の伝統を固守しようとする神官層のサドカイ派と、律法学者のパリサイ人たちを「蛇よ、蝮《まむし》の子らよ、どうしてあなたたちは地獄の罰を免《まぬか》れることができようか」(「マタイ福音書」23：33)と罵《ののし》っている。

そして死後、神の国にいたっても、それらの保守的なユダヤ教徒は宴会の席から外に追い出され、「そこで泣きわめいて、歯ぎしりするだろう」(「マタイ福音書」8：12)と宣告している。

彼らの偽善に目にあまるものがあったからだろうが、そこまで敵愾《てきがい》心をもつ必要があったのかどうか。たとえばブッダの場合、彼を執拗に殺害しようとしたダイバダッタ(提婆達多)に対してさえ、敵意に満ちた言葉は一度も吐いていない。

むしろ法華経には、いったん阿鼻叫喚《あびきょうかん》地獄に堕ちたダイバダッタも、ついに成仏したと書かれているぐらいである。どちらのストーリーも神話であり、史実であるとはいいがたいが、二つの宗教の性格の違いがよく現われている。

聖書に記された暴力

私は神学部時代に聖書学というゼミを通じて、聖書の一言一句を微細に点検しながら読み進める方法を教わったが、そのような読み方をしているうちに、どうしても拭えない疑問が自分の心の中に湧いてきた。

有名な山上の垂訓でも、イエスは人を裁いてはならないと教え諭した直後に、「神聖なものを犬に与えてはならず、また、真珠を豚に投げてはならない。それを足で踏みにじり、向き直ってあなたがたにかみついてくるだろう」(「マタイ福音書」7：6)といっている。ここで、犬とか豚呼ばわりされているのは、「偽善者」である。

ここで全キリスト者を敵に回すような発言をして恐縮だが、イエスの説く〈愛〉は完全ではないように思えてならなかったのである。なぜなら、イエスの説く〈義〉の道は、つねにそれを阻止しようとする〈不義〉としてのサタンの存在を前提としているところがあるからだ。どうしても、そこに独り立ちする〈愛〉があるとは思えない。

子供のころ、日曜学校であれだけ憧れをもって読んでいた聖書であったが、やがてその随所に疑問を呈するようになった。さらに一例をあげるのなら、イエスがエルサレム神殿に行ったとき、境内で商売をしていた物売りたちを汚らわしき者として追い払い、両替商の台や鳩屋の腰掛けをひっくり返したと、「マタイによる福音書」には記されている。果たしてそれが、〈愛〉の実践といえるのであろうか。

今でもエルサレムのスーク（商店街）では、無数の店舗がひしめき合いながら商いをしている。私は愛想のよい商人たちと言葉を交わすうちに、イエスはこれらの人々に「お前たちは、強盗の巣にしている」と罵ったのだろうかと、考え込まざるを得なかった。

私は聖書のこの条を読むたびに、ブッシュ大統領が「無限の正義」という作戦名のもとに、アフガニスタンやイラクに侵攻したことを思い出す。たしかに、それらの国には許しがたい強圧的政治を実践する独裁者がいたり、テロリズムをこととする過激派が潜んでいたりしたかもしれないが、そこに入って行って、「屋台をひっくり返す」ことが正しい行為であったといえるのか。

ブッシュ大統領は自他ともに認める敬虔《けいけん》なクリスチャンであるが、彼の政治的判断によって生じた混乱と、現地住民と米兵双方において失われた人命のことを考えれば、そこにキリストのいう〈愛〉があったとは、とうてい思えない。

旧約聖書には、「異邦人」や「罪人」に関する恐ろしい表現がある。

> ヘト人、ギルガシ人、アモリ人、カナン人、ペリジ人、ヒビ人、エブス人をあなたの前から追い払い、あなたの意のままにあしらわせ、あなたが彼らを撃つときは、彼らを必ず滅ぼし尽くさねばならない。彼らと協定を結んではならず、彼らを憐れんではならない。（申命記7：1－2）

「ヘト人、ギルガシ人、アモリ人、カナン人…」というところを、「アフガン人、イラク人、イラン人、シリア人…」などと置き換えてみると、現代と少しも変わりがない風景が見えてくる。

いかに幸いなことか……（バビロンの）幼子を捕えて岩にたたきつける者は。（「詩篇」137：8－9）

いずれの宗教も偉大な精神遺産であるには違いないが、こういう表現が含まれる聖典を崇める宗教を全面的に受け入れるのは難しい。この瞬間にも、劣化ウラン弾でイラクの子供たちが「岩にたたきつけ」られている。そして、それを「幸い」と考える人たちが、地球上にはいるのである。

どうか神よ、逆らう者を打ち滅ぼしてください。……主よ、あなたを憎む者をわたしも憎み、あなたに立ち向かう者を忌むべきものとし、激しい憎しみをもって彼らを憎み、彼らをわたしの敵とします。（「詩篇」139：19－22）

四千年のトラウマを抱えたユダヤ教から派生してきたキリスト教の基本構造にあるのは、やはり自分たち信仰者を〈正義〉とし、その信仰を受け入れない〈不義〉なる者を敵視する二律背反的世界観である。そこに、自己中心的な〈愛〉の誤認が生じやすい。

信仰とは切り離し、哲学的な観点から論じるなら、キリスト的な愛が〈愛〉の最終的な形態だとは、どうしても思えない。後世のクリスチャンが十字軍遠征、異端尋問、魔女裁判、ユダヤ人差別など、大きな歴史的過ちを犯してしまったのは、イエス自身に二律背反的思考の残滓《ざんし》が取り除かれていなかったことに原因があるのではなかろうか。

イエスが人類の罪を贖うために、十字架についたのは三十三歳の若さであった。神の子イエスを人間的尺度で語るのは許されないことかもしれないが、常識的にはまだまだ人間として未熟な年齢である。イエスが老いさらばえるまで、地上に踏みとどまることがあったなら、キリスト教にも異なった教えが生まれていた可能性は大である。

賽銭箱の中でチャリンと鳴ると……

イエスの教えの中に含まれていた二律背反的世界観をいよいよ増幅させたのが、ヨーロッパにおける宗教改革の旗頭マーティン・ルター（一四八三—一五四六）である。

彼は二十三歳で聖アウグスチヌス修道会に属するカトリック修道士となった。それは青年時代に激しい落雷の恐怖を体験したことが契機となったと伝えられているが、おそらくあまりにも厳格であった父の抑圧感から逃れたいという心理が働いたと思われる。彼が終生、神は厳格かつ冷酷であるというイメージを抱いていたことも、幼少期に受けたファザコンの影響と考えられないこともない。

修道士になった後も、彼はいいようのない不安感に苛《さいな》まれていたが、ヴィッテンベルク大学学生寮の塔内の図書室で聖書を読んでいるうちに、人間は善行でなく、信仰によってのみ〈義〉とされるということに気づき、ようやく心の平安を得た。

その「塔の体験」以来、「人間を義とするのは、神の恵みである」という理解を深めていったが、やがて当時のヨーロッパ全域で「煉獄《れんごく》の霊魂の罪の償いが行なえる」という宣伝文句で贖宥券《しょくゆう》が大規模に販売されていることを知った。

そして贖宥券の組織的販売網の背景には、バチカンに多額の献金をすることによって、複数の大司教位を手に入れようとしていた教会高位の僧侶の野望があることが明らかになった。

人は信仰によってこそ救われるべきなのに、たんに金銭で贖宥券を購入することによって、罪が贖われるはずはないと考えたルターは、「九十五ヶ条の論題」と題された公開質問状をヴィッテンベルク城教会の扉に貼り付けた。中でも第二十七条には、おもしろい表現がある。

箱の中に投げ入れられた金がチャリンと鳴るや否や、魂が煉獄から飛び上がるという人たちは、神の道ではなく人間の道を説いているのである。（『キリスト教史Ⅱ』、四三－四四頁）

ラテン語で書かれたその文章は神学的な議論を意図したものであったが、それがドイツ語に訳され、民衆に流布されることによって、その波紋がみるみると拡大していき、ついに宗教改革につながる大きなうねりとなったのである。

彼が聖書を平明なドイツ語に翻訳したり、聖職者として最初に結婚に踏み切ったりしたことも、それまでの閉鎖的なキリスト教の伝統に風穴を開けることに貢献したことは否定できない。このように政治がらみで宗教的権力をほしいままにしていたカトリック教会から、無辜《むこ》のクリスチャンを解放しようとした彼の動機は、初期においては正しかった。

受け継がれる「排除の論理」

しかし、ルターが始めた宗教改革は、爆発的な解放感から領主に対する大規模な農民戦争へと発展していき、社会的混乱を招くことにもなった。

そうするとルターは、弱者である農民の側ではなく、領主側に立って、「彼らを叩き殺し、絞め殺し、刺し殺すべきである」（『キリスト教史Ⅱ』、七九頁）とまでいい、ついに立ち上がった農民たちを「狂犬」のごとくにねじ伏せてしまったのである。

何よりもルターが抱えていた深刻な問題は、他宗教に対する強烈な差別意識である。とくに彼の反ユダヤ主義は、その後のクリスチャンの人種的偏見をあおり立てることになった。中世ヨーロッパでは、教会の前を通り過ぎるユダヤ教徒がいれば、その誰もがシェイクスピアの『ベニスの商人』に登場してくる高利貸しシャイロックであるかのように、クリスチャンは石を投げつけたと伝えられている。

キリスト教信仰のフォーカスを教会組織から聖書という原点に戻すというルターの運動は的を射たものであったが、彼のプロテスタント以外の人間に対する敵意に満ちた発言は、おおいに問題視すべきだろう。

この信仰箇条がわれわれキリスト者を地上のすべての他の人びとから区別し分けるだろう。

> キリスト教界の外にあるものは、異教徒であろうとトルコ人〔イスラム教徒〕であろうとユダヤ人であろうと、あるいは偽のキリスト者また欺瞞者であろうと、たとえ彼らが真の一なる神を信じ崇めようとも、彼らはこの神が彼らに対してどういう心でいるかを知らず、この神への何らの愛も善きことも期待しえず、したがって彼らは永遠の怒りと呪詛のうちにとどまる。（『神々の和解』、八三頁）

これはカトリック信者を含めて、自分たちと同じ信仰形態、つまりプロテスタント主義を共有しない者すべてを全否定するルターの呪いの言葉である。

一つの宗教的伝統を樹立することに成功した宗教的天才の個性が、後世までその伝統の支持者たちの基本的性格を決定づけるということは、よくあることである。そのことは日本仏教のことを思い浮かべてみると、理解しやすい。浄土宗は法然の、浄土真宗は親鸞の、曹洞宗は道元の、そして日蓮宗は日蓮の生前のパーソナリティーが強く反映されている。

同様にプロテスタントは、ルターの性格を受け継いでおり、中でもその排他的傾向が強く見られる。たとえば、二十世紀最大のプロテスタント神学者とも言われたカール・バルト（一八八六―一九六八）ですら、主著『教会教義学』の中で狂信主義とも見まがう発言を繰り返している。

> キリスト教宗教について次のように言われてよいし、また言われねばならない。即ちそれが、そしてそれのみが、真実の宗教であるということである。（『宗教と寛容』、一七四頁）

キリスト教のみが真実の宗教である理由は、神の啓示が「イエス・キリストの名」のみに示されているからだとする。そして、神の恵みの「太陽」は、キリスト教の上にのみ光となって輝き、ほかのすべての宗教は闇の中に沈むとしている。

このへんにルターに始まり、ピューリタンを経由して、現代の福音主義者に継承されるプロテスタントの度しがたいまでの狭量さがある。

カトリックにも、もちろん排他性があるが、まだケルトのドルイド教などヨーロッパ土着の宗教文化の影響を受けて、雑多な要素を受け入れる余地があった。しかし、「抗議する者（Protestant）」というその名の通り、プロテスタントの世界では宗教的イデオロギーが尖鋭化し、やがて「排除の論理」が強まることになったのである。

福音主義者たちからの招待

私はここまで、キリスト教に対して厳しい批判的発言をしてきたが、くれぐれも私が反キリスト者であるという誤解をしないでほしい。私は幼いころから教会に通い、キリスト教神学で修士号を収めた者の一人である。

冬のボストン郊外で長男が誕生した直後、私と家内が仕事と住まいを同時に失ったとき、われわれ家族を支え、自分の家の地下室に住まわせてくれたのも、キリスト教の牧師家族であった。

クリスチャンにはほかの信仰者の追随を許さないほどの高潔な人格を有し、無私の〈愛〉を実践している人たちが多いことも知っている。しかし、私が徐々にキリスト教に批判的な意見をもつようになったのは、長いアメリカ生活で、いくつかの出来事に遭遇してからである。

私がハーバード大学神学部の学生だったころ、小さな出来事なのであるが、なぜか私には強烈な思い出となっているエピソードがある。当然のことながら、神学部の学生は大半が敬虔なクリスチャンだから、親切で心優しい人物が多い。中年学生の私が落第せずに卒業できたのも、そういうクラスメートの惜しみない応援があったからである。

絵に描いたような「文無しの苦学生」であっただけでなく、英語力が弱く、ろくに講義についていけない自分に相当、気が滅入っていた私を、あるとき、昼食に招いてくれる上級生がいた。大学内のアパートに、兄妹で下宿していた韓国人の女子留学生であったが、わざわざ声をかけてくれた彼女の思いやりが嬉しかった。

それで彼女のアパートに行ってみると、彼女のお兄さんも私を待ち構えていて、温かく迎えてくれた。この兄妹は韓国の財閥の子息子女であるという噂は以前から耳にしていたが、そのことは部屋の調度品からも伺えた。

しばらく歓談してから、ようやく食事ということになった。そこで「事件」が起きたのである。彼女の兄がおもむろに食前の祈りを始めたので、私も両手を組み合わせ、静かに祈りに耳を傾けていたが、「今日は、日本で仏教僧をしていたクラスメートが食事に加わってくれたことを感謝します。彼が主イエスの導きによって、誤った信仰から救われ、正しい信仰に目覚める日がありますように。アーメン」と祈りを締めくくられたときには驚いた。

明らかに、この祈りの言葉は仏教が邪教で、キリスト教が正しい宗教であるという一方的断定が前提となっている。これでは、自分の信仰する宗教のみを真実なものと考える一種の狂信主義ではないか。せっかく食事に招いてくれた彼らの好意を汲んで、私は反論することなく、もてなしを受けたが、結局、私を招いてくれた意図は、「折伏《しゃくぶく》」にあることを知った。

いわゆる福音主義者と呼ばれるクリスチャンの中には、このように宗教というものをきわめて狭く理解し、自分たちの信仰に加わらない者の立場を否定する人たちがいる。韓国やアメリカ南部のクリスチャンは、大半が福音主義者である。

福音主義者的洗脳の恐怖

福音主義者といえば、もう一つ思い出がある。私はプリンストン大学で教鞭をとっていたとき、フレッシュマン・セミナーを担当したことがある。フレッシュマン・セミナーというのは、新入生を対象にした十人未満の小さなクラスのことである。新入生相手だから、入門レベルのやさしいクラスという印象をもつかもしれないが、じつは異なる。

このセミナーは、専攻を決める前の新入生に、専門家が半年間、それぞれの研究分野の最先端の情報をできるだけわかりやすく教え、彼らの学問的動機づけを助けるために設けられている。

大学全体のカリキュラムの中でも最重要視されており、ふつうフレッシュマン・セミナーを担当できるのは、ノーベル賞受賞者を含めて、各学部の熟練教授であった。こういうところが、アメリカの大学教育のすごいところである。だから、教員としては若僧の私が担当させてもらえることは、名誉なことであった。

私はクラスのテーマとして、「日本の隠れキリシタン」を選んだ。アメリカ人学生に、西洋のキリスト教信仰と日本の宗教文化が出会ったときに発生した特異な宗教現象を知ってもらいたかったのである。

予期した通り、そのセミナーを登録した学生は全員がクリスチャンであった。遠藤周作の『沈黙』の英訳版などをテキストとしながら、何週間かは楽しくクラスが進行した。ところが、ある日、授業の最中にしくしくと泣き出す女子学生がいた。私なりクラスメートなりが彼女を傷つけるようなことをいったのかと考えてみたが、どうもその様子はない。

そのままにしておくわけにもいかないので、思いきって、理由を尋ねてみた。涙を拭きながら、カリフォルニア出身の日系二世だった彼女は、次のように語った。「隠れキリシタンもイエスの教えに命を捧げましたが、私もクリスチャンとして洗礼を受けました。私の父も兄も洗礼を受けてくれました。ところが、母だけが頑として洗礼を受けようとしません。それどころか、ご先祖が大切だといって、毎日、仏壇に手を合わせています。私は母が大好きですが、このままでは彼女は地獄に落ちてしまいます。」

それを聞いて、私は唖然としてしまったが、教師として黙っているわけにはいかないので、「日本で育ったお母さんの気持ちも汲んであげてほしい。アメリカ社会に暮らしながら、遠い日本のご先祖のことを思いつづけるのは、立派なことだ。キリスト教の洗礼を受けないからといって、人間が地獄に落ちるわけではないと思う」といった内容のことを発言した。

しかし私は内心、二十歳前後の若い女性の魂に、いったい誰がそのような決めつけを刷り込んだのか、と憤りに似た感情をもった。もちろん、彼女のキリスト教信仰に対するまざり気のない思いは、尊いものである。

にもかかわらず、他者の立場、他者の価値観を受け入れることのできない世界観を誰かによって植えつけられてしまったという事実は、じつに不幸なことである。いつか彼女も、そのような思い込みから解放されることがあるのかもしれないが、若い魂の思いは純粋なだけあって、その解凍にはずいぶん時間がかかることであろう。

もし、彼女がそのような思い込みのまま、これからの長い人生において出会うであろう素晴らしい人間や出来事の多くから、その本質に気づくことなく、自分の限られた世界観を中心にした裁きの心で生きていくことになる、と思えば、宗教というのは、げに恐ろしいものである。

ヒューマニズムの勇み足

それからも滞米生活中には、まだ小学生だった息子たちが、日本語にも慣れ、宗教というものへの理解を深めてくれるようにと、日本人宣教師による「聖書を学ぶ会」に参加させたりもしていた。ところが、親が見ていないところでは、先生から「キリスト教以外の宗教は間違っている」という話を繰り返し聞かされていることが発覚したりして、ますます私は福音主義というものに対して警戒するようになった。

そしてその数年後の話だが、私は日本に帰国し、外務省の派遣事業の一環としてミャンマーの首都ヤンゴンで講演することがあった。軍事政権が、私が民主化運動をあおるような話をしないか神経を尖らせていたようだが、どうにか無難に切り抜け、講演後に地元の孤児院に案内してもらった。北部山岳地帯の少数民族と政府軍の衝突が止まず、多くの山岳民族が殺され、その結果、大量の孤児ができてしまったと聞いたからである。

私が訪れた施設では、まだ乳飲み子から大学生ぐらいまでの孤児たちが仲良く暮らしていた。年上の子供たちが、幼い子たちを世話しながら、逞《たくま》しく生きる姿は感動的であった。そのような子供たちが私のために、わざわざ一堂に集まり、大きな声で歌を歌ってくれたときは、ほんとうに嬉しかった。

その施設はクリスチャンの夫婦が営んでおり、資金繰りにずいぶん苦労しているようだったが、それでも子供たちを学校に通わせ、いつかは社会人として自立できるように育てていた。

その懸命な奉仕の精神に頭が下がったが、一つだけ気になることがあった。それは、子供たち全員がクリスチャンとして洗礼を受け、ポールやピーター、マリアやイヴなどのクリスチャン・ネームをつけられていたことである。

瞳を輝かせるこの子供たちは、きっと親から山岳民族として似つかわしい名前を授かっていたにちがいない。それを一方的に捨てさせ、欧米人のようなクリスチャン・ネームに変えてしまっていいものだろうか。もし彼らが孤児とならず、両親や祖父母とともに地元の集落で育てられておれば、人類にとって貴重な精神遺産でもある先住民文化の立派な継承者となっていたはずである。

なのに、聖書のみを読み聞かせ、何もわからない幼子に無自覚のまま洗礼を受けさせるのは、おおいに問題があるように思えてならなかった。樹木や岩にも精霊を感じ、礼拝《らいはい》するようなアニミズム的宗教を未発達な偶像崇拝と見るのは、超越的一神教特有の救いがたいまでの偏見である。

実の親を失った子供たちに愛情を注ぎ、食べ物を与え、教育や医療を施すことは、素晴らしいことである。そこには博愛主義を貫こうとするキリスト教精神が輝いている。しかし真に利他的な慈善事業というのは、そこで踏みとどまるべきではないのか。

地域文化の素晴らしさを子供たちに教えこそすれ、幼い子供たちの頭脳を外来文化で染め上げてしまうのは、大きな罪であり、精神的ジェノサイドである。

扉を叩く者にのみ開かれればよい

私がミャンマーで目撃したようなことは、枚挙に暇がないほど世界各地で起きている。無医村地区や一切の教育設備がないところに、無償で医療や教育の機会をもたらすというのは崇高な行為であるが、その背後にキリスト教の宣教という意図があるのなら、それは文化的帝国主義にほかならない。

再び誤解のないようにいっておくが、私はキリスト教が偉大な宗教であることを疑わないし、その信仰によって人類史上、多大な人間が救われてきた事実も知っている。仏教徒などよりも、はるかに明確な自己の意志をもち、それを実践に移し、「地の塩」となってこられたクリスチャンへの敬意も忘れてはいない。これからも一人でも多くの人が、その教えに触れ、魂の輝きを増していくことを祈っている。

しかし信仰との出会いは、あくまで時節因縁が熟し、自然なかたちで起きるべきだ。映画『ミッション』に描かれているように、大航海時代も、そして今もアジア、アフリカ、南アメリカなどにおいて展開されてきた強硬な布教によって、素朴な魂をもった多くの先住民が命を失い、貴重な民族文化を捨ててしまっているのである。果たしてそれを宗教と呼んでよいものだろうか。

私は、イエスが五つのパンと二匹の魚で五千人の空腹を満たしたというガリラヤ湖畔の教会を訪れたとき、高らかに賛美歌を歌い、大地に口づけをするコロンビアからの巡礼団に出会ったことがある。

その熱狂的な信仰に圧倒されながらも、この人たちの先祖がスペイン人に征服されることがなかったのなら、高度な文明を築き上げていた南米先住民文化の、誇り高い継承者でいたはずだと、複雑な思いに駆られたことがある。

はるかに恵まれた条件にある国からやって来て、ブルドーザーで野の花を踏みにじるように、弱い立場にある人々を、みずからの宗教の宣教の対象としてはならないのだ。宣教する側にしてみれば、「素晴らしいイエスの教えを説いて、なぜ悪い」という言い分があるのだろうが、イエスの教えは、向こうから求める者があった場合にだけ説けばいいのである。

キリスト教に限らず、宗教の宣教はすべて受け身であるべきだというのが、私の考えである。その宗教に出会う必要がある魂は、ちょうど必要なときに出会うようにできている。その機会をこちらから、人為的に作る必要は一切ない。

アマゾンのインディオたちにキリスト教を布教するために、ヘリコプターでインフルエンザのウイルスを沁み込ませた毛布を上空からまき、それを使ったインディオが次々と発熱する。たいていの病気を治す呪術師も、外来の病原菌に対しては、なすすべがない。

そこへキリスト教の宣教師がやって来て、抗生物質を配る。たちどころに熱が下がり、自分たちの土着の神々よりも、イエス・キリストのほうが偉大な神であると説き伏せられてしまう。おまけにインディオたちが改宗したのを確認してから、クリスチャンを名乗る権力者たちが共同体に入り込み、土地を収奪していくという。

これは私が実際に見たことではなく、アマゾンの原住民の生活文化と原生林を守ることに、命を賭けておられる日本人ボランティアの南研子から報告されたことであるが、ここまでやれば、ナチスやポル・ポトの大虐殺に匹敵する。

インディオのほうが、自然の力を深く理解し、自然と共存する知恵をもっている。それらの人々を未開人とみなし、自分たちの信仰を唯一真実なものと思い込み、不当な手段まで使って布教しようとするのは、いかにもおこがましいことである。

二十一世紀には、今まで差別され、搾取されてきた先住民のような人々が、世々代々受け継いできた深い知恵に頼らざるを得ない状況が、きっと出来するだろう。なのに、あたかも自分たちの宗教のほうがはるかに進化した宗教のように考えるのは傲慢であり、完全なる錯誤であるといわざるを得ない。

「真理は一つしかない」という考え方

このような福音主義者の脳裏に刷り込まれているのは、聖書にある大宣教令と呼ばれるイエスの教えにほかならない。それは墓から復活してきたイエスが、十一人の弟子たちに最初に教え諭した、「全世界に行って、すべての造られたものに福音を宣べ伝えなさい。信じて洗礼を受ける者は救われるが、信じない者は滅びの宣告を受ける」(「マルコ福音書」16・15-16)という言葉である。

つまり大宣教令とは、世界で唯一正しい教えであるキリストの福音を人類社会にあまねく浸透させよという主張のことである。この大宣教令に忠実たらんとした中世の宣教師たちが大航海時代に波濤《はとう》を越えて、世界の津々浦々まで福音のために遠征していったわけである。

それは使命感に燃えたものであったかもしれないが、結果として、南米のインカ、マヤ、アステカ文化のように、キリスト教国の好戦的な布教により、地元の文化が破壊されてしまった地域も少なくない。

そういう意味で、日本の江戸幕府がとったキリシタン弾圧政策は、その非人道的な方法論において間違っていたが、当時の世界を席巻していた列強の植民地主義から日本を守るという意味では、正しい判断だったのかもしれない。

福音主義は、キリスト教だけに特有なものではなく、一神教的な構造をもつ信仰なら、大なり小なり、その傾向がある。なぜなら一神教徒にとっては、神とは絶対的善としての人格をもつものであるのと同時に、普遍的真理でもあったからである。

ということは彼らにとって、宇宙には真理がただ一つしかないのであり、その唯一の真理を全面的に受け入れてこそ、人間が人間たり得る尊厳があることになる。

その真理を認めず、信奉しない者は、神の福音を拒絶する者であり、「邪教徒」に過ぎない。「邪教徒」となれば、人間失格にも等しく、彼らを抹殺したところで、たいした罪になるわけではない。だから十字軍にせよ、アメリカ軍にせよ、遠く外国の地に遠征し、大義名分のもと、「邪教徒」を大量殺戮することにためらいがなかったわけである。

しかし、いずれの戦争においても、敵国国民というのは、異なったイデオロギーを信奉する人間という意味において「邪教徒」扱いされており、人命抹殺が正当化されるというメカニズムがある。太平洋戦争中の日本軍による中国や朝鮮半島の住民の扱われ方にも、そういった面があったことは、否定できない。

軍国主義を突っ走った時代の日本が、どうしておかしくなったかといえば、天皇を現人神《あらひとがみ》とまつり立て、日本を神国とする「日本教」を妄信したからである。それは、政治的目的から作られた擬似一神教的コスモロジーであった。

「大和魂《やまとだましい》」「八紘一宇《はっこういちう》」「大東亜共栄圏」などといったスローガンは、その空虚な教義をもっともらしく見せかけるための舞台装置であった。多神教的コスモロジーをもつ日本という国において、リーダーが一極集中的に権力をもちはじめたときは、必ず歴史があらぬ方向に動き出した兆候と考えてよい。

アッラーを信じない者は邪教徒

ところで、「邪教徒」などという言葉は、中世社会で使用されたものであり、近代ではあり得ないと思っていたら、そうではなかった。そのことについては、ちょっとしたエピソードがある。

二〇〇六年の正月、イランの古都イスファハンに、世界中のイスラム聖職者が集まって開かれた会議に、イラン政府から日本人としてただ一人招かれ、出かけたことがあった。あまりに急な招待だったので、しばしためらったが、結局、受けることにした。殺風景なテヘランなら以前にも訪れたことがあるが、世界遺産のイマーム広場があるイスファハンを一目見てみたいという気持ちがあったからである。

私はイスラム教嫌いではなく、イスラム教徒の知人も少なからずいるし、一般論でいえば、イスラム教国の庶民は温厚で親切な人が多いように思う。しかし、国際会議に出てくるようなエリート聖職者は、いたって苦手である。なぜなら、口角泡を飛ばしながら、建前ばかりの宗教演説を延々と続ける人物が多いからである。

「聖なる宗教による世界新秩序」という仰々しいタイトルがつけられた会議は、政府主催というだけあって、かつてシルクロードを往来した隊商たちの旅宿キャラバン・サライであったアッバースホテルを会場とする豪華なものであった。

噴水と色とりどりの花に包まれた中庭を散策しながら、あたかも自分がキャラバン隊長にでもなったかのように、しばし至福の時間に浸った。しかし会議場に入るや否や、私は重い荷を背負って砂漠を歩かされるラクダのように、暗澹《あんたん》たる気持ちになった。

宗教間対話、異文化理解というような立派なスローガンが打ち上げられていても、参加者たちは互いにほとんど相手の話に耳を傾けることもなく、会場に来ているイラン政府幹部の顔色を見て、とうとうとしゃべっているだけである。

そんな会議の席上、アジェルバイジャンからやって来た若い聖職者は、非イスラム圏の人間のことを「アッラーを信じない邪教徒たち！」と大声でまくし上げたので、私はびっくりしてしまった。いったい、この人は世界の多様な文化に自分で実際に触れた上で、そのような言葉を遣っているのだろうか、それとも人類全体がイスラム教徒になることこそ、世界平和の実現であるといいたいのだろうか、などと考え込んでしまった。

ところで、現地に来ていたＮＨＫの取材班から、問題視されている核開発施設がイスファハン郊外に位置していることを教えてもらった。アメリカを筆頭とする国際批判が激しくなる中で、華々しく国際会議を開催して、イスラム世界の団結を強めたいというイラン政府の思惑があることが、やっと飲み込めた。

それにしても、宇宙に一つしかない真理があるとすれば、それは広大無辺の宇宙があり、その惑星の一つに、かろうじて人類が生息させてもらっているという真理しかない。そして、その真理はいかなる宗教の専売特許でもない。なのに、ヤハウェやゴッドやアッラーだけが、真理だと断言するのは、ちょっと身勝手すぎないだろうか。

神は無謬なのか

真理を体現する神は、絶対的善であるがゆえに、一切の過ちを犯すことがない。だからこそ一神教では、神は生きとし生けるものの完璧なる規範でありつづける。トーラ、聖書、コーランといった聖典を読むということは、人間としての規範を神から学びとることを意味する。神に悪の要素があってはならないのだ。

その神の意志をもっとも忠実に伝達する立場にあるローマ法王も、一切の過ちを犯さないことになっている。いわゆる法王無謬《むびゅう》説である。近代合理主義が、ここまで幅を利かせるようになった二十一世紀になっても、その主張を変えようとはしないバチカンの頑迷さには驚かされる。

実際にバチカンの司教に会ったときも、私はそのことを単刀直入に指摘してみたのだが、「伝統は容易に変えられるものではない」という自嘲めいた返答が返ってきただけであった。

現法王のベネディクト十六世は、二〇〇六年秋、故国ドイツの大学で、十四世紀の東ローマ皇帝の「ムハンマドは、剣によって信仰を広めよと命じるなど、世界に悪と非人間性をもたらした」という言葉を不用意にも引用し、全世界のイスラム教徒の反感を買うことになった。

問題視されると、ベネディクト十六世は聞き手の誤解を招くような表現をしたことについては謝罪したが、「自分の発言は間違っていた」とは一言もいっていない。千年以上もの間、法王無謬説を維持してきたバチカンの長い歴史をバックにして、彼もそう簡単に自分の過失を認めることができなかったのである。

東西の創造神話の比較から

冒頭から一神教がもつネガティブな側面の批判が続いてしまったが、じつはその反面、人類はその宗教からおおいなる恩恵をこうむっている。なぜなら、人類が近代文明を構築し得たのは、ほかならぬ一神教的コスモロジーのおかげだったからである。

近代文明が誕生したのは西欧であったが、そのことも偶然ではない。一神教的文化圏でなければ、まず自然科学が誕生することができなかったであろう。なぜそうなのか、それを明らかにするために、まず東西の創造神話を比較してみよう。

いうまでもなくユダヤ教、キリスト教、イスラム教などでは、父なる唯一絶対神が宇宙を創造したとされる。旧約聖書「創世記」の冒頭は、次のような文章で始まる。

初めに、神は天地を創造された。地は混沌であって、闇が深淵の面にあり、神の霊が水の面を動いていた。神は言われた。「光あれ。」こうして、光があった。(「創世記」1:1-3)

これが天地創造の第一日目の出来事であった。その後、神は大空、大地、海、太陽と月と星、魚、鳥、家畜、獣を次々と創り、第六日目には、左のように記されている。

神は御自分にかたどって人を創造された。神にかたどって創造された。男と女に創造された。神は彼らを祝福して言われた。「産めよ、増えよ、地に満ちて地を従わせよ。海の魚、空の鳥、

地の上を這う生き物をすべて支配せよ。」（「創世記」1：27－28）

そして第七日目にすべての営みを止めて休息をとられたので、それが安息日の起源となり、今日のわれわれも日曜日ごとに休むようになったわけである。

天地創造は絶対者である神の独壇場であり、神は何者の手助けも必要としていない。それは、いわば単性生殖であり、イザナギとイザナミという男女の二神が人間のように体を重ね合わせることによって、おのごろ島はじめ、日本列島を次々と産み落としたことになっている記紀神話とは、おおいに異なる。

ところで、イザナギとイザナミは、国産みという大事な仕事に取りかかる前に、じつに奇妙な会話を交わす。

イザナギ「汝《な》が身はいかに成る」
イザナミ「吾《あ》が身はなりとなりて、成り合わざる処一処あり」
イザナギ「吾が身はなりとなりて、成り余れる処一処あり。故《かれ》、この吾が身の成り余れる処を、汝が身の成り合わざる処を刺し塞《さ》へて、国土を生み成さんとおもふ。生むこと奈何に。」（『古事記（上）』、一七六頁）

この後、二人は性交をし、次々と島を産み落としていく。このような卑猥《ひわい》ともいえる物語が、二千年もの間、国家神話に残されている意味を日本人は、もう少し真剣に考えてみるべきだ。また、この話と同様のモチーフをもつ神話は、雲南省や東南アジアにも存在することから、日本文化のルーツがどのへんにあるか、容易に推測がつく。

不可解な神の意志を理解しようという努力

これとは対照的に、一神教では神は一切の形象を超えた存在であり、神があさましくも人間と同様に、性行為をもつことなど言語道断であった。神は、つねに威厳ある父のイメージで登場し、被創造物である人間は、その父に絶対服従することを求められた。逆らえば、父なる神の怒りを買い、地獄の劫火《ごうか》が待ち構えていた。

わたしは主、あなたの神。わたしは熱情の神である。わたしを否む者には、父祖の罪を子孫に三代、四代までも問うが、わたしを愛し、わたしの戒めを守る者には、幾千代にも及ぶ慈しみを与える。（「出エジプト記」20：5－6）

ここまで神の脅迫があれば、人間は手も足も出なくなる。にもかかわらず、多くの人間が命を失うことになる天変地異や戦争など、耐えがたい試練を神は次々と与えた。キリスト教の「主の祈り」の最後に、「わたしたちを試みにあわせないでください」という懇願にも似た言葉があるのも、むべなるかなである。どれだけ神の前にひれ伏しても、その神のなすことは、しばしば人智を超えており、無残なまでに不可解であった。

それでも、人間は絶対なる父の意志を疑いたくても、疑うことが許されなかった。疑念を抱くことは、神との「聖なる契約」を破棄することであり、死後、天国に召されることを諦《あきら》めなくてはならなかった。

不可解な神の意志を知ることが、一神教徒に共通する不変の願望となったのは、そのためである。これだけ厳しく戒律を保ち、祭壇に額づいて祈っているのに、なぜこれほど多くの人間が犠牲となる地震や洪水、旱魃《かんばつ》や冷害があるのか。どうして火山が爆発し、真っ赤な溶岩が流れてくるのか。そこにも神の意志があるとしたら、いったいそれはなんなのか。

神の意志を知ろうとする人間の抑えがたき知的好奇心が、やがてサイエンスを生み出すことになり、自然現象の中に次々と法則性が発見された。

とくに絶対神の存在が、日常性の中に浸透していたイスラム世界では、その傾向が強かった。初期キリスト教が経済力も教育もない下層社会の宗教であったのとはおおいに異なり、イスラム教は社会的エリートが中心となって、牽引した宗教である。そのために、イスラム世界がギリシア・ローマ文化と古代オリエント文化の継承者として、重要な役割を担うことができたのである。

コンスタンチノープルがイスラム教徒によって占拠されたというデマによって始まることになった十字軍の大半は、読み書きのできない貧民たちであった。だから彼らの抑圧された感情が、イスラム教徒に出会ったとき爆発し、残虐の限りを尽くしたわけである。

十字軍が、けっして聖地の奪還というような純粋に宗教的な動機で始まったものではないことは、多くの歴史家の手によって明らかにされている。たとえば、十字軍研究家であるP・アルファンデリーは、フランスの歴史叢書『人類の進歩』で、その複合的な要素を次のように表現している。

「それは人間くさい大衆を生み出した最も複雑な感情をいだく、筆舌につくし難い混乱の群であった。この感情はほとんど分析不可能なものであるが、例えば境遇向上への神秘的な願望、聖遺物への信心、庶民的な終末観、異教の名残り、なかば物理的な海外発展欲、掠奪への渇き、未知の世界への希望、新しい信仰への傾向などであった。」(『十字軍』、十三頁)

今も昔も、純粋な宗教戦争などあり得ない。「神」の名において、人間はみずからのもっとも卑劣な欲望を正当化しようとするのである。

そのことは、アメリカがイラクに大量破壊兵器が隠されているという根拠なき情報によって戦争を始め、大量の兵士をイラクに送り込んでいる事実にもあてはまる。アメリカの石油利権に対する触手というような単一の理由で、あの戦争が始まったとは思えない。いつの時代でも、われわれ一般大衆が戦争遂行の真の動機を知るのは、何十年も経ってからである。

イスラム文明という果実のもたらしたもの

さて本題に戻るが、イスラム教では僧侶ではないが、「シャリーア」と呼ばれるイスラム法の解釈を行なうウラマーと呼ばれるイスラム法学者たちの存在は大きい。これらウラマーたちは、数学や天文学、医学や歴史学、それに地理学などといった学問の担い手となり、今も科学史に名を残している人物もいる。

その知識が、ヨーロッパに流入することになったのは、十字軍のおかげである。負け戦が多かったが、イスラム文明の果実を摘み取るという意味では、意義のある戦争だったかもしれない。

つまり、十八世紀のヨーロッパに近代文明の萌芽が育つためには、ウラマーに率いられるイスラム社会の分厚い知識層による知的貢献が不可欠だったわけである。キリスト神学ですら、教育水準の低かったヨーロッパではなく、イスラムの大学に留学して学ぶ者がいたぐらいである。

そのことを近代ヨーロッパが正当に評価せず、あたかも中東諸国が野蛮で迷信に満ちた社会であるかのように見下してきたことに、現代のイスラム教徒の秘められた怒りがある。

とくにイスラム建築の世界貢献には目覚しいものがあり、欧米の建築のみならず、日本の城郭の様式にも影響を及ぼしている。それほど、文化というのはボーダレスに影響し合い、人類の歴史を築いてきたのである。「文明の衝突」のような歴史の否定的側面だけではなく、人類が民族や地域を超えて、有機的に影響を与え合ってきた歴史的事実にも、もっと光を当てなくてはならない。

ちなみに二十世紀後半になって、イスラム文明蔑視への怒りをオリエンタリズムという言葉で、はっきりと指弾したのが、エドワード・サイードである。


オリエンタリズムのなかに現われるオリエントは、西洋《ウエスト》の学問、西洋人《ウエスタン》の意識、さらに時代が下ってからは西洋の帝国支配領域、これらのなかにオリエントを引きずりこんだ一連の力の

組み合わせの総体によって枠付けられた表象の体系なのである。(『オリエンタリズム』、二〇八頁)

つまり、オリエントは固定した領域ではなく、西洋人の都合に合わせて、彼らのイメージの中で作られたものに過ぎないというわけだ。エルサレム生まれのパレスチナ人として、サイードは欧米の植民地主義や帝国主義的野望に、中東やアジアが翻弄されることのないように警告したかったのであろう。

法則性を探究する知的好奇心

人智を超えた神の意志を知ろうとする努力は、自然現象と社会現象の法則性を探ることから始まった。森羅万象のメカニズムを解明する手段として、数学が登場し、天体の動きを知るために天文学が発達することになった。

さまざまな病魔の前に、あまりにも脆《もろ》く敗れ去っていく人体の謎を探るために医学が進歩し、人間社会の不可解な運命になんらかの因果律があるのではないかという好奇心が、歴史学を生むことになった。

それらサイエンスの発祥は、ギリシア、エジプト、インドなどにあったとしても、それを大きな学問大系に育てあげたのは、なんといってもルネサンス以降のヨーロッパであった。

神の意志を知ろうとするもっとも直接的な学問が神学であり、そこから哲学が派生し、それが西欧で発展したのは、キリスト教思想の文化的土壌があったためである。かのハーバード大学に最初に創設されたのが神学部であったという事実も、ピューリタンに始まるアメリカという国の本質にある濃厚なキリスト教体質を物語っている。

なかんずくサイエンスの発展には、カルヴァンの「予定調和説」が大きく寄与したといえる。それは神が人間の意志や願望とは無関係に、自分の予定通りに世界を動かすという考えである。ビジネスマンの立場から「アングロサクソン流」の強さを思い知らされた大原壮比古《まさひこ》も、そのルーツを同じところに見出したようだ。

> カルヴァンの教義は一五三八年に完成したその著書『キリスト教綱要』に明らかにされている。これが後の世代になって（ルネッサンス後）、神はどのようなルールで決めているのか、すなわち神の世界を探求しようという自然科学の世界観の発展につながってゆくわけである。
> （『アングロサクソンと日本人の差』、二四頁）

法則性を探求する知的好奇心は、自然科学だけでなく、すべての学問に共通している。神の存在が偉大であればあるほど、人間の理解を超えたものとして、人はその意志を懸命に知ろうとした。その結果、サイエンスが発展し、人類文明が進化していったのであり、そこには一神教的コスモロジーがどうしても必要だったのである。

そもそも目の前に起きている自然現象を客観分析することなく、祝詞《のりと》にあるように「天津神国津《あまつかみくにつ》神《かみ》、八百万神等共《やおよろずのかみたちとも》に聞食《きこしめ》せと　畏《かしこ》み畏《かしこ》み、も白《う》す」と、自然に対して疑問を抱かず、ひれ伏すばかりの多神教的文化圏では、サイエンスは生まれ得なかったのである。

そして、サイエンスが発見した法則性を、たんに学問的理論にとどめず、人間生活に活用しようと努力するうちに、近代産業が生まれることになった。自然の法則を知ることによって、土木・機械工学、蒸気機関、電気などが次々と発明され、人間は自然の支配から解放され、反対に自然の力を自分たちの都合に合わせて利用するようになった。

自然との闘いの中で発展した近代文明に、自然との共存という反省が生じるようになったのは、あたかも自然からの報復のように、人間社会が環境破壊によって危機にさらされるようになった二十世紀後半以降のことである。

現代日本に暮らすわれわれが、ごく当たり前に享受している生活の快適さは、まさにその近代産業が発展し、一般市民がもち合わせる経済力で、その成果を手にすることが可能になったからである。どれだけ厳しい文明批判をする人間も、その恩恵にどっぷりと浴していることは否定できない。

しかし、近代文明が加速度的に発展したあまりに、環境破壊が深刻となり、富の分配が極端に不公平なものになったため、いよいよ人類社会の先行きが懸念されるようになってきた。その結果、二十一世紀は希望より不安に満ちた世紀として、われわれの前に立ちはだかることになったのである。

第二章●世界最強の宗教は「アメリカ教」である

今も進化しつづける一神教

宗教は生き物である。もし宗教が生き物であることを止めたとき、その残骸は遺跡となって鑑賞されるだけである。ギリシアには、もはや天空神ゼウスや太陽神アポロなどに代表される多神教は、存在しない。残るのは世界遺産になった神殿群と、神々を讃えたホメロスやヘシオドスの叙事詩のみである。

日本仏教も、拝観寺院が一つ増えるたびに、その生命活動が止んで、化石に一歩近づいたと考えてよい。拝観寺院では、人は美しい庭園や見事な襖絵《ふすまえ》に感動しても、仏教に触れることはない。石庭で有名な龍安寺《りょうあんじ》を訪れても、私はそこに一切の宗教的気配を感じることができない。そこに日々、人が仏に礼拝している形跡がないからである。

そういう現象に対して僧侶がいささかの疑問すら抱かなくなったとき、伽藍《がらん》は文化財として、仏典は説話としてのみ、後世に伝えられることになる。

博物館入りがそう遠くないかもしれない日本仏教とは異なって、古代の宗教都市エルサレムで角を突き合わせている一神教は、今も生きている。しかも、進化している。そのダーウィン的進化論の先端に誕生したのが、「アメリカ教」である。

拙著『なぜ宗教は平和を妨げるのか』（講談社＋α新書）にも論じたように、アメリカという国をたんに経済力と軍事力が突出したスーパーパワーと見るよりも、キリスト教精神の変形である「アメリカ教」を基軸とする世俗的原理主義国と捉えるべきだ。そのほうが、あの国の政治、経済、文化がどういう意味をもつのか、より深く理解されてくる。

まず「アメリカ教」の総本山がどこにあるかといえば、アメリカ東海岸のワシントン特別区にあり、その名前をホワイトハウスという。だから、あの建物は教会のように崇高な白色に塗られ、十字架の代わりに高々と星条旗を掲げているのである。

かつてはバチカンのローマ法王が世界政治を左右するほどの発言力をもったが、現在ではワシントンにある白亜の殿堂の住人の記者会見に、世界中のメディアが集まる。それは、アメリカ大統領が世界最大の一神教である「アメリカ教」の教皇であるからだ。

ブッシュ大統領個人にそのような威厳があるとは思わないが、「アメリカ教」の影響力はまだ衰えていない。アメリカ政府の高官が、どこの国を訪れても、ずかずかと政治中枢に入り込んでいって、さまざまな注文を突きつけることができるのは、そのためである。世界各国にあるアメリカ大使館は、首都の一等地に群を抜いて大きく建っているが、あれは「アメリカ教」の威厳を示す広告塔だからである。

自由と民主主義という教義

「アメリカ教」の世界布教のやり方は、グローバリズムという名称で呼ばれているものである。グローバリズムの正体が何かといえば、アメリカ版中華思想であり、いくつもの仮面をかぶった覇権主義である。

アメリカ発の社会システムを世界中に広めようとしているのが、高級スーツで身を固めながら、現代「アメリカ教」の宣教師の役割を担っているアメリカの政府高官たちなのである。その福音主義的精神は、表現の仕方こそ異なれ、ピューリタン時代に培われたものと同質である。それを受け入れないものは、「異端」として断罪される。

どのような神を崇めているかといえば、「富」という神であり、その神に近づくために、アメリカ型の自由と民主主義という「教義」を受け入れなくてはならないとされる。

アメリカ人が神聖視する自由は、個人的能力の熾烈《しれつ》なまでの競争を許す精神文化を意味し、民主主義とは万民の平等のことではなく、能力競争に勝ち残ったエリートを組織のリーダーとして、合法的に選び出すことのできる社会体制を意味する。

つまり、「アメリカ教」の核心にある自由と民主主義というのは、富の格差を基本的条件として認め、近代的個我の栄光を追求するシステムのことなのである。良し悪しは別として、このことをしっかりと認識しておかないと、幻想のアメリカを憧憬してしまうことになる。

アメリカが世界のスーパーパワーに伸し上がったのは、けっして偶然ではなく、国民が「アメリカ教」という宗教を心から信奉し、その熱心な信者として、昼夜を分かたず努力したからである。「ローマは一日にしてならず」というが、建国以来、アングロサクソン特有の楽天主義と勤勉さで、ひたすら「アメリカ教」の教えを実行し、今日の栄光を勝ち取ったのである。

オリンピックのメダルやノーベル賞の大多数がアメリカ人の手に落ちるのにも、彼らのDNAに競争原理がしっかりと刷り込まれているからである。いわゆるアメリカン・ドリームというのは、「アメリカ教」の教義にもっとも忠実な者が、激しい競争を経て勝ち得た信仰の証なのである。

アメリカは「人種のルツボ」といわれるほど、多民族国家であるが、そのことは多元的価値観の社会であることを意味しない。出身国がどこであろうと、「アメリカ教」の信者にならないかぎり、成功はできない一元的価値観の社会なのである。

名著の評判高い『歴史の終わり』でフランシス・フクヤマが論じたことも、共産主義や全体主義など二十世紀前半で横暴を振るった政治体制が淘汰され、やがて最善のものに収束していくという考えである。そのことを彼はおもしろい表現で説明している。

人類は、さまざまな美しい花を咲かせる無数の芽というより、むしろ一本の道をひと続きになって走る幌馬車の長い隊列に似てくるだろう。（中略）馬車の何台かはインディアンに襲われ、火をかけられて道端に置き去りにされてしまうだろう。戦いで気が動転し、右も左もわからなくなって一時とんでもない方角に向かう御者もいれば、旅に飽き、道のどこかまで引き返して定住地を探そうとする人々もいるはずだ。主街道とは別のルートへ入り込んでしまったあとで、最後の山々を越えるにはみんなと同じ道を通るべきだったと気づく一行もある。だが、幌馬車隊の大半は町をめざしてのんびりと旅を続け、大部分は最後にはそこに到着するだろう。

（下巻、二六二－二六三頁）

フクヤマは「幌馬車の長い隊列」の行き先として、リベラルな民主主義と自由市場経済体制が待っていることを示唆しているのだが、なんとも不気味な予測である。「アメリカ教」に洗脳された者が「さまざまな美しい花を咲かせる無数の芽」を摘み取ろうとする動きこそを、グローバリズムと呼ぶべきなのかもしれない。

国家レベルの独善的思い込み

『聖書で読むアメリカ』の著者・石黒マリーローズも、「アメリカの人々は自分の生活の中に神を持つことにきめており、家庭や学校でも神を信じて生活するように教育されています」という、まるでミッション・スクールの教師のような発言をしている。ではなぜ、「神を信じて生活する」ように教育されている人々の国で、黒人教会の焼き討ち事件が後を絶たないのか。

そして石黒は9・11事件の直後、ブッシュが「神の国」アメリカの大統領らしく、聖書の詩篇にある「死の陰の谷を行くときも、わたしは災いを恐れない。あなたがわたしと共にいてくださる。あなたの鞭、あなたの杖、それがわたしを力づける」（「詩篇」23：4）という句を引用したことを賞賛する。

さらに敬虔なクリスチャンである彼女は、「日本の人々が宗教と霊性をそれほど重要としないのを見るとき」、悲しくなると書いている。このようなナイーブなキリスト教中心主義のゆえに、自

図2-1　1ドル紙幣の裏側に描かれるピラミッド（©joyphoto.com提供）

分たちが他国の人間に、多大な迷惑をかけていることを自覚できないアメリカ人の致命的人の好さがある。そして、そのような独善的な思い込みが、個人レベルではなく、国家的なものとなり、軍事力を背景に実践されたとき、単独行動主義となる。

ブッシュ大統領がイラクに攻め入るとき、「正義の十字軍」という言葉をうっかり遣って、イスラム世界から顰蹙《ひんしゅく》を買ったが、それはアメリカ国民の深層意識に共有される認識であり、たんなる失言だったわけではない。

彼らにとってグローバリズムが地球規模で受け入れられれば、人類が幸福な生活を享受できるようになると想像することは、キリスト教が世界に広まれば、皆が死後、天国に生まれることができると信じるのと、同じぐらいの信憑性がある話である。

ドル紙幣が暗示するもの

「アメリカ教」の理念は、けっして抽象的なものではなく、アメリカ人がもっともよく使う一ドル紙幣に具体的に示されている。表は初代大統領のジョージ・ワシントンが印刷されているが、裏側には「IN GOD WE TRUST（われわれは神を信ず）」と記され、左側にはピラミッドが描かれている。その先端部分が下部構造から浮かび上がっていて、ダイヤモンドのように輝いている。しかも、そこには不思議な目が一つ埋め込まれている。

それは万物を見通す神の目を意味するらしいが、闇の世界政府とも噂されたりするフリーメーソンも同じ目をシンボルとしているから、いささか不気味でもある。

このドル紙幣のデザインを私流に勝手に解釈するとすれば、ピラミッドは近代文明の覇者アメリカ合衆国を表わしている。光に輝く先端部は、「アメリカ教」をもっとも熱心に信奉し、社会をリードするエリート層であり、そこに描かれている目は、神になり代わって世界を支配しようとする彼らの目である。

「IN GOD WE TRUST」という言葉も、本来は、キリスト教の神を意味したものであるが、現在は「アメリカ教」の価値観そのものに置き換えられている。そのような強い信念をもって、アメリカのエリートたちは、「アメリカ教」の世界布教を志しているのである。

ちなみに、「隠れアメリカ教」信者はアメリカ国内に限らず、世界各国に広く分布しており、日本ではエリート層、とくに政治家、外交官、国際政治学者に多いように思われる。始末が悪いのは、アル中患者がアル中であるという認識を拒否するように、それらの人に信者意識がまったくないことである。

「思想的ユートピア」としてのアメリカ

ネオコン（新保守主義）による単独行動主義的政治手法は、アメリカ国内でも知識層を中心に、批判のヤリ玉に上がっているのだが、たとえブッシュ政権が幕を閉じ、ネオコンといわれる人たちがホワイトハウスから去ったとしても、アメリカの基本的な外交姿勢は変わらないだろう。

なぜなら、ピューリタン精神が今もアメリカ社会を根底から突き動かしているからだ。ピューリタンとは、十六世紀にイギリス国教会の改革を唱えたプロテスタントの急進派である。ピューリタンは直訳すれば「潔癖な人たち」という意味だが、当時のイギリス国内では「話し相手にもならない、頑迷な輩たち」という蔑称として使われていた。

とうとう国教会からの分離を求めはじめたピューリタンたちが、激しい弾圧の対象となり、イギリス国内に居場所がなくなったために、一六二〇年にメイフラワー号に乗って、アメリカに移住してきたわけである。大和民族は雑種民族であるというのが私の持論だが、われわれのご先祖も中国や朝鮮になんらかの事情でおれなくなった流れ者集団だった可能性があるが、もしそうだとしたら、日米友好の基礎は、大昔に築かれていたことになる。それにしてもアメリカ建国の礎石を築いた人たちが、自分たちの宗教的信念を貫くために祖国を離れ、北米大陸に太古から暮らしていた先住民を駆逐してまで、思想的ユートピアを築こうとしたことの意味は重大である。

もちろん、現代のアメリカ国民が宗教的に凝り固まっているわけではない。バイブル・ベルトと呼ばれる南部の人たちには、聖書至上主義を旨とするキリスト教徒が多いが、平均的なアメリカ国民の心は教会から離れてしまっている。クリスマスやイースターに教会に足を運んだところで、お盆やお彼岸にお寺参りする日本人の心境と、あまり変わらない。

それでもピューリタン精神は、現代アメリカ社会の基本的価値観を形成していると断言して間違いはない。ピューリタニズムには、職業における勤勉さを尊重するカルヴァンの精神が濃厚であり、それがアメリカン・ドリームの原動力にもなり、あの国を世界のスーパーパワーに押し上げるまでに貢献したのである。

羨望の思いからというか、嫉妬心からというか、世界各国にはアメリカ批判をする一般的傾向があるが、その栄光はアメリカ国民がそれ相応の汗をかいて築き上げたものであることを忘れてはならない。

仮想敵を求める「アメリカ教」

しかしその反面、独善的な融通の利かない精神が、国内外に深刻な問題を引き起こしているのも事実である。外交面だけではなく、アメリカ社会内部でも、法外な収入を得る弁護士が跋扈《ばっこ》する今日の訴訟地獄を生み出してしまっている。離婚、倒産、事故など個人生活になんらかの支障をきたすことがあると、その原因を自分ではなく、他者に求めるのである。そこにあるのは、自分が〈義〉で、他者が〈不義〉とする単純な自己中心主義である。

その構図が拡大されていくと、国家的スケールになり、冷戦時代はソ連、キューバ、東欧諸国が〈不義〉として扱われてきた。今日では、イラン、イラク、北朝鮮などの文字通り「悪の枢軸国」の存在が、アメリカ政治を動かしている。

つまり、イギリス国教会を向こうに回して戦ったピューリタンと同様に、現代アメリカ政治も、必ず「仮想敵」を必要とする仕組みになっている。敵対するものがあるがゆえに、軍事力の向上を図ろうとし、そこから新しい科学技術も生まれてくることになる。軍需が経済を活性化させる構造が、アメリカ経済の根底にあるかぎり、あの国は戦争を止めようとしないだろう。

アフガニスタンやイラクで、地元住民とアメリカ兵双方に多大な犠牲者が生じようとも、アメリカ軍が撤退しようとしないのは、そのように仮想敵国を不断に更新し、それによって軍事技術と直結した経済発展を遂げて来た国家の基本構造があるからである。

かつては、日本も最たる「悪の枢軸国」とみなされていたがゆえに、マンハッタン計画と名づけられた原爆開発に第一線の科学者が集められ、短期間に進展したわけである。アメリカは、日本という「強敵」をもったためにこそ、ナチス・ドイツやソ連よりも核兵器製造を先んじることができ、そのことが今日のスーパーパワーの地位確保につながったともいえる。

アメリカを今日のスーパーパワーの地位に押し上げたのは、ピューリタン精神を核とする「アメリカ教」という世俗的原理主義者であり、それと正面衝突してしまっているのが、イスラム過激派の宗教的原理主義者である。アフガニスタンやイラクで起きていることは、それら二つの原理主義者同士による無自覚な宗教戦争にほかならない。

とすれば、多神教文化圏にある日本がそのような宗教戦争に加担することは、思想的にも不自然なことであり、政治的にはお門違いである。日本が理念のない行動を繰り返していると、どちらの陣営からも仮想敵国視されかねない恐れがある。

弾圧すればするほど激化する「悪性のナルシズム」

「信じて洗礼されるものは救われ、信ぜぬものは裁かれよう」という大宣教令をそのまま現代政治の舞台に持ち込んだブッシュ大統領と彼を取り巻くネオコンにとっては、アメリカ型民主主義を歓迎しない国は、ことごとく異端となる。アフガン攻撃の前に、ブッシュ大統領が一般教書演説で吐いた「われわれの側につくか、テロリストの側につくか?」という言葉には、一神教四千年の歴史が控えていたのである。

だからこそ、ブッシュは特定の国を「悪の枢軸」と決めつけることができたのである。そのような決めつけは、近代社会における「異端尋問」や「魔女狩り」にほかならず、地球規模の「イジメ」であるといっても過言ではない。もちろん、ブッシュ大統領が「悪の枢軸国」呼ばわりした国の中には、国際社会にとって脅威である国が含まれているのは事実だが、世界政治の動向を左右する立場にあるスーパーパワーのリーダーが軽々に口にする言葉ではない。

かといって、イスラム過激派によるテロ行為が容認されていいわけではないが、ブッシュ政権が単独行動主義に走ることによって、かえってテロが世界各地で激化したことは、周知の事実である。

逆説的ではあるが、異端というのは弾圧すれば弾圧するほど、みずからの存在感を意識し、逆境の中で強靭《きょうじん》にサバイバルしていくための道を模索することになる。彼らは、精神医学でいう「悪性のナルシズム」と呼ばれるものに陥り、ますます暴力的になっていく。

再び、日本の隠れキリシタンを例にとれば、彼らは二百三十年にわたって徹底した禁教政策をしいた江戸幕府の監視下、その信仰を守りつづけた。奉行所の目付けがきわめて厳しい中で、『天地始之事』という独自の聖書まで編纂するにいたったのだから、驚きである。

その内容は、新旧の聖書、記紀神話、仏教説話、民話のカクテルであった。たとえばイエス・キリストの受難は、人類の贖罪どころか、本人が今生で犯した罪のせいだという。そんな話を聞けば、イエスも腰を抜かすのではないかと思うが、その信仰を彼らはどのような拷問にかかろうと、命がけで守ろうとしたのである。

隠れキリシタンは暴力的にはならなかったものの、島原の乱というかたちで爆発してしまったのは、やはり一種の「悪性のナルシズム」に陥っていたのかもしれない。ところが皮肉にも、明治になって、信教の自由が認められると、とたんに隠れキリシタンは消えていったのである。

もっと卑近な例をあげると、ロンドンのパブは深夜十二時までの営業という規制があったときは、閉店直前に客が最後の盛り上がりのために、おおいに騒ぎ立てるのがつねであった。ところが、その規制が撤廃されて朝まで営業が可能になると、客は騒ぎ出す潮時を見失い、ロンドンの夜は、ずいぶん静かになったのである。人間の心とは、そういうものなのである。

少し話が変わるが、日本でキリスト教が普及しなかった理由について、隠れキリシタン研究者の宮崎賢太郎は次のように記している。

現在のキリスト教が日本において苦戦を強いられ、苦悩しているのは「接触―受容―統合＝変容」という文化接触の法則に従わず、いかに外来の一神教を日本人に受容させるかという、いまだかつて日本において一度も成就されることのなかった難題に取り組んでいる姿を示しているものである。一神の受容とは他神の否定を意味していることを忘れてはならない。一神教の世界観は、いかに他宗教との協調を唱えても、唯一絶対神の存在を主張するかぎり、根本的に排他性を有することは否めないのである。(『カクレキリシタンの信仰世界』、一九八頁)

この文章は日本におけるキリスト教の限界に触れたものであるが、このような議論からも懸念されるのは、国際政治の基軸が、その本質に排他性を抱え込む一神教的コスモロジーの中で展開するかぎり、ハンチントンがいう「文明の衝突」は避けがたいものとなることである。

文明のうねりに乗るアメリカ

超大国アメリカは、文明のアメリカ的段階の先導役として文明的繁栄のピークにある。特定の国が、文明史の大きなうねりに乗ったとき、その津波のような力に抗することができるものはいない。ボーイング社製の飛行機が世界の空を覆い、マイクロソフト社製のソフトで世界中のパソコンが動いていることに、われわれはもはや疑問すら抱かなくなっている。

政治や経済活動もアメリカの意向を無視すれば、早晩、行き詰まる仕組みになっているし、それに積極的に逆らえば、強大な軍事力によって叩きのめされる可能性もある。日本の閣僚がアメリカ政府の政策に対して批判的発言をするだけで、メディアが騒ぎ立てるのだから、いかにこの国が属国の地位に甘んじているかわかる。

時代の趨勢《すうせい》として勢いづいた「帝国」は、あらゆる面で人類社会に影響を及ぼしていく。これはどの時代の「帝国」の歴史にも共通していることである。この原稿のこの項は、ヨルダンの首都アンマンで書いているが、ここにもローマ帝国の遺跡があり、豪華なコロッセウムや浴室跡が残っている。同じものはイギリスでも、スペインでも、チュニジアでも見たことがある。

ローマ帝国の〈力〉を見せつけられるたびに、現代文明の牽引力となっているアメリカと結びつけてしまう。米軍基地は嘉手納や横田だけでなく、トルコにも中央アジアにもある。そこにいる米兵のために、われわれの目に触れることはないが、ひょっとすれば基地内には、「カラカラ浴場」のような豪華な設備があるのかもしれない。

キリスト教もローマ帝国の拡大とともに広がったが、「アメリカ教」という価値システムも、アメリカというスーパーパワーと運命共同体である。そういう国と、太平洋に浮かぶ小国・日本はどう付き合っていけばよいのか、知恵を絞ったほうがいい。

かくて「アメリカ教」の信者となりしわれわれ

中世では宗教が圧倒的な影響力をもっていたが、近世から近代にかけて、人類は少しずつ宗教から距離を置きはじめ、今では宗教の代わりに科学、経済、個人的自由というものが、人類社会における中心的価値観となっている。

日本でも仏教寺院が法事や葬式以外で、市民生活とかかわりをもつことが少なくなったように、世界中で宗教離れが起きている。ヨーロッパには世界遺産級の教会があまたあるが、一部の教会を除いて、ミサに参加する信者が少ないために、その維持費が確保できず、どんどんと朽ちていったり、イベントホールに転換されてしまっている。

アメリカの歴史ある大学にも、そびえるようなチャペルが必ずあるが、かつては日曜日ごとに全学の学生が礼拝に参加していたのだろうが、現在では閑古鳥が鳴いている。チャペル担当者はパイプオルガンや室内音楽のコンサートなどを開いたりして、人集めに四苦八苦している状態である。

同じことは、イスラム教でも起きている。イスラム原理主義の国とおぼされているイランのテヘランでも、一日に五度、モスクへ足を運ぶ市民の姿をほとんど見たことがない。たいていのイスラム教国では、禁止されているはずの酒も比較的容易に手に入る。

一部の過激派が復活させようとしているイスラム原理主義というのは、反アメリカ主義を唱えているが、じつは激しいスピードで世俗化していくイスラム世界に対する反動と考えたほうがよい。

現在のアメリカは、すでにそのうねりの下降線に入っているが、政治や経済の実勢とは別に、まだまだ勢いをもっている。その証拠に、どんな僻地に行っても、いちばんものをいうのは、アメリカドルである。

イスラム教国を旅すれば、露骨にアメリカ嫌いを口にする人が多いが、いざ買い物に出かけて、少し高価なものを買おうとすれば、アメリカドルしか受け取らないという現実がある。そしてイスラム教徒の多くが本音のところで、一度行ってみたいと考えている国のナンバーワンは、アメリカである。

「アメリカ教」の宗教文化は、ビジネス、ファッション、食生活、スポーツ、音楽などを通じて、全世界を席巻している。中でも「アメリカ教」布教の最大の武器は、ハリウッド映画である。莫大な制作費を使って作られるアメリカ映画の迫力は、圧倒的である。ストーリーも単純なものが多く、スピードの速いドラマ展開に興奮させられながらも、おおよそはハッピーエンドなので、見る者の文化的背景の如何にかかわらず、人の心に浸透していきやすい。

そこに登場する俳優のファッション、化粧の仕方、身の振る舞い、言葉遣いなどは世界的に流行しやすく、それらの外形を媒体として、われわれはアメリカ的価値観に洗脳されていくことになる。

ところで貿易摩擦が起きると、すぐに海外企業がダンピングしているという嫌疑がかけられ、一方的にペナルティーを科せられたりする。また、スポーツの国際試合などでもアメリカ人審判による主観性が問題になったりすることがよくある。

二〇〇六年ワールド・ベースボール・クラシックの日米戦で、アメリカ人球審が誰の目にもセーフであるプレーをアウトと審判し、日本チームがサヨナラ負けを喫したゲームは、野球ファンの記憶に新しいはずだ。

そういうことは、自由社会でのフェアプレーを高らかに謳《うた》う国にしてはアンフェアに見えるが、ビジネスにせよ、スポーツにせよ、アメリカ的価値観が中核にある近代文明のルールは、自分たちの尺度がいちばん正しいという潜在意識が、アメリカ人の間に共有されているからだ。

自然破壊に手を貸した宗教

ところで、ようやく市民権を得るようになった環境保護運動は、もともと欧米で始まり、日本などアジア・アフリカ諸国は、その分野での後発国となっている。神道のような自然信仰の長い伝統をもつわが国が、自然保護の社会的責任について、欧米の後塵を拝するというのは、少し情けない気もする。

しかし思想的に考えてみれば、地球環境破壊に拍車がかかったのは近代以降であるから、近代文明のバックボーンにある一神教的コスモロジーにも、大きな責任があることになる。

その責任の本質がどこにあるかといえば、一神教の中心にある絶対的な超越神という抽象的概念そのものにある。この宇宙を創造したのは、目に見ることのできない超越神であり、その神にいちばん近い位置に、万物の霊長としての人間が配され、その下に人間を養うための動植物が置かれている。

産めよ、増えよ、地に満ちて地を従わせよ。海の魚、空の鳥、地の上を這う生き物をすべて支配せよ。(「創世記」1:28)

旧約聖書にある、この短い神の言葉が、人間に自然を支配するお墨付きを与えたことになる。人間は地を従わせるために、大規模な機械力を開発して、山を削ったり、川を埋めたりしてきた。そして、みずからが飽食するまで地上の生き物を獲り尽くしてきたのである。

そのような一神教の創造神話が、神を頂点にして自然を下部構造に置くピラミッド型文明に帰結することになったわけだが、冒険家の「自然を征服する」という発想も、そこから来ている。

ところが近代になって、デカルトが「我思う、ゆえに我あり」といいはじめたころから、神の姿が遠のいて、代わりに人間の自我の存在がどんどんと大きくなってきたのである。

デカルトが近代哲学の父と呼ばれるのは、それまでの聖典絶対主義の中世スコラ哲学に挑みかかり、精神と物質の二元論を唱え、科学が発展する契機を与えたからである。

その思想的貢献は大きかったが、やがて神中心主義に取って代わった人間中心主義が無制限に拡大し、宗教や倫理とは切り離された科学技術や経済活動が独り歩きするようになってしまったといえる。極言すれば、今やエゴが膨張し切った人間みずからが、「神」となって世界を変えようとしているのである。

そのように、自然は人間が利用すべき資源という世界観は、一神教でのみ生まれ得たものであり、自然を霊的なものとする多神教的コスモロジーでは、自然を功利的に産業構造に取り込むことはできなかっただろう。

自然に対する甘えを生んだ多神教的コスモロジー

環境保護運動では、今やアメリカの民間組織がいちばん熱心といえるが、もしもアメリカ人がネイティブ・アメリカンをライフル銃で駆逐せず、勤勉をこととするピューリタン精神との接点を見出そうとしていたなら、地球が受けたダメージははるかに小さかったはずである。

環境保護よりも企業利潤を優先させることにおいては、先進国はほぼ同罪であるが、とくにアメリカが世界規模でやってのけた環境破壊は、未曾有のものである。今でもアメリカ人はエネルギーの浪費がおびただしいにもかかわらず、そのライフスタイルを改めようとせず、世界全体の二酸化炭素の二五パーセントを排出している。これは、どう考えても異常なことである。

その一方で、環境破壊には多神教的コスモロジーにも責任がある。それは、万物を生み出してくれる大地母神という母性的な自然観に甘えてしまって、その自然を人間が積極的に守っていかなくてはならないという社会的責任感に欠けるところがあるからだ。

一般に、アジア、アフリカ、南米など多神教文化が濃厚に残っている地域では、ゴミのリサイクルが進んでいない。それは経済力や技術力が後発であるせいもあるが、生活から出たゴミは海や山に捨てるものという先祖伝来のメンタリティーが最大の原因となっている。生分解性の材料が使われているうちは、自然もそれを許容できたわけだが、化学製品が圧倒的に多い今日では、自然はもはやそれらを消化することができない。

とくに自然を大規模に破壊する機械力を人間が手に入れてしまった近代になってからも、前近代的な自然への依存的態度をもちつづけたのは、おおいに問題である。現代日本人が、どんどんと山を削り、ゴルフ場や住宅地、道路を作ったりしてきたのも、自然に対する倫理観を欠いて、ひたすら自然への甘えがあったからである。

これからの環境保護運動は、多神教的コスモロジーが培ってきた自然への畏敬の念と、一神教的コスモロジーで重視される人間の意志力の双方が統合されていく必要がある。このへんにも日本人の自覚を促したい。

環境破壊と精神疾患は表裏一体

近代社会では、環境破壊と平行して深刻化している問題がある。それは、人間の精神衛生である。自然環境にゴミが増えれば増えるほど、人間の心にもゴミが増えている。

じつに情けないことに、日本でも山や川に平気でゴミを捨てる人間が増える一方だ。国道や高速道路沿いも、少しでも人目につかないところがあると、痛々しいほどゴミが散乱している。日本人の品性を疑ってしまうのは、そういう光景を目の当たりにしたときである。

紙オムツもよく捨てられているが、そのような親に育てられた子供の行く末が心配である。公衆道徳を学校で教わるまでもなく、少しでも自然に対する畏敬の念があれば、そのような行為ができるはずがない。それができるというのは、アニミズム的文化の中で育ってきた日本民族の基本的身体感覚が麻痺している証拠である。

風水によると、家の中を不潔にしている家系は栄えないそうだが、ゴミだらけの国も栄えるはずはない。最近は占いが流行っているが、自分たちの生活空間を美しくできないかぎり、何を占ったところで幸せなど訪れるはずがない。ゴミをポイ捨てして平気な者は、やがて自分も社会からポイ捨てされるような境遇に陥ることは避けがたい。私は風水も占いも知らないが、それだけは断言できる。

自然破壊の度合いに正比例するように、精神疾患を患う人間も増えている。戦後の大衆文化に酔い痴《し》れ、思考力を喪失してしまった日本人のことを、大宅壮一という社会評論家が「一億総白痴化」という表現で揶揄《やゆ》したことがあるが、今はどちらかといえば、「一億総うつ病化」の様相を呈している。

世界でも有数の物質文明を謳歌し、最貧国の住民の目から見れば、まるでパラダイスに暮らしているような日本人の心が病んでいる。これは由々しきことである。

もちろん、精神疾患の急増というのは日本のみならず、先進国に共通する問題である。単純な分析をすれば、生活が快適になるにつれ、人間が忍耐力を失ったといえるだろう。自動車、エアコン、洗濯機、エレベーターなどがない時代の人間は、もっと自分の肉体を使い切り、体力もあれば、精神力もあった。少し年配の日本人なら、そのことを身をもって体験しているはずである。

とくに日本のように狭い住居の中に、ありとあらゆる電化製品がひしめき合っていると、夜となく昼となく電磁波からの総攻撃を受けることになる。しかもそのような環境で育った子供たちに問題が起きないほうが、不思議なくらいである。

文明を後戻りすることはできないが、それがさまざまな問題を起こしはじめたなら、その発展の方向性を修正するぐらいの知恵と勇気をもっていたいものである。

「人間改造」を求める「個」の幻想

環境の問題と心の問題についで懸念されるのは、生命の問題である。なぜなら、かつては「神の領域」とされ、不可侵であった生命の創造や破壊に、今や「神」の座を奪い取った人間がみずからの手を恣意的に下すようになったからである。

そしてそこに見えてきたのは、「人間改造」というじつに魅力に満ちた、しかもどこか不気味さを感じさせる生命科学技術的な可能性である。一神教的コスモロジーの中で〈個〉の栄光を求めるかぎり、そういうところに科学が行き着くのは、歴史的必然性があったといえよう。

人間改造のために、最初に実用化された医療技術は、臓器移植である。以前は、臓器を授受することの意味が取りざたされたが、最近は臓器移植が広く受け入れられ、むしろ、それを担当する医療従事者のモラルのほうに焦点が移っている。

今や臓器だけでなく、骨、皮膚、血管、心臓弁、角膜など多様なヒト組織も、どんどんと移植されるようになり、以前なら治療不可能とされた疾患に悩む人々に福音をもたらしている。またそのような「人体部品」は、バイオ産業の企業から合法的に購入することができ、「人間改造」も商業化されつつある。

移植がこのまま進行していけば、その先に人間と動物の合体生物であるキメラ化が早晩、問題となってくる。ギリシア神話に登場するキメラは、頭がライオン、胴体が山羊、尾が蛇のかたちをしている。人間の遺伝子を組み込んだ動物を作り、その動物の臓器を人間に移植する異種移植が人間のキメラ化の最初のステップになると予測されている。

さらに「人間改造」の一端を担うのは、人体の人工化である。人工心臓、人工骨、人工関節、人工血管、人工皮膚などは、すでに実用化され、肉体に損傷を蒙《こうむ》った人たちを多く救っている。

移植の究極にキメラ化が現われるように、人体の人工化の先には、人間のサイボーグ化が待っている。それはコンピューターに制御されたハイテク部品を人体の一部に取りつけていくことである。事故などで手足を失った人たちのために、そのような義手義足ができることは、大きな恩恵となることは間違いなく、それに異論を唱える者は少ないだろう。

しかし機能性を追求する近代文明では、身体になんら障害をもたない人間も、やがて高性能の人工的人体部品を希望するようになるのは、時間の問題である。金銭で頑健な肉体を買えるとなれば、先進国の富裕層は、そこに抗しがたい誘惑を感じるかもしれない。

このような状況から生命倫理学の必要性が急速に高まり、バイオ産業の先進国であるアメリカにおいて、それがもっとも熱心に議論されるようになった。聖書に忠実であろうとするブッシュ大統領は、生命倫理において保守的な立場を表明しているが、頭打ち状態のＩＴ産業に代わって、今やバイオ産業はアメリカ経済の推進力となっているため、現実は野放し状態に近いといってよい。

日本でも、政府の生命倫理専門調査会などが、幹細胞の再生利用などをめぐって審議してきたが、議論の基盤が、「アメリカ教」に乗っ取られているような気がしてならない。

「個」に捉われない永遠の〈いのち〉

バイオエシック（生命倫理）のバイオというのは、ギリシア語のビオス（bios）を語源とするが、それは有限なる個体生命を意味する。それは疾病、障害、寿命によって、いつか絶えることが決定づけられている生命である。

そこから、バイオロジー（biology　生物学）、バイオグラフィー（biography　伝記）、バイオリズム（biorhythm　生物周期）などの言葉が派生してきている。そして当然のことながら、バイオエシックス（bioethics）といった場合も、個体生命の扱い方に関する倫理的議論を意味する。

反対にギリシア語には、同じく生命という意味のゾーエー（zoé）という言葉もあるのだが、こちらはビオスとは異なり、けっして絶えることのない無限生命のことである。神話学者のカール・ケレーニイは、「もし比喩的に表現することが許されるならば、ゾーエーはビオスの一つひとつが真珠のように通して並べられる糸であり、この糸はビオスとちがって、ひたすら無限に連続するものだ」（『ディオニューソス』）と説明している。

ゾーエー的生命は、個体生命の生死とは無関係に存続する〈いのち〉の系譜であり、有機的な生命に限定されず、宇宙的な広がりをもつものである。斎藤茂吉が「あかあかと　一本の道とほりたり　たまきはる我が命なりけり」（『あらたま』）と詠んだとき、「我が命」はすでに自己の生死を乗り超えて永遠なるものにつながっているという直観がある。

あるいは道元が「春は花　夏ほととぎす　秋は月　冬雪さえて　すずしかりけり」（『傘松道詠』）と詠んだ場合にも、人間の生死によって微動だにせず、生々流転していく自然の〈いのち〉の風光が歌われているのである。そこにもゾーエー的生命への直観がある。

さらに『正法眼蔵』では、生死の二元論を超克することが成仏の意味であると、より直截的に説いている。

ただわが身をも心をもはなちわすれて、仏のいへになげいれて、仏のかたよりおこなわれて、これにしたがひもてゆくとき、ちからをもいれず、こころをもつひやさずして、生死をはなれ、仏となる。（「生死」『正法眼蔵』、一九七頁）

このように永遠の〈いのち〉への直観は、宗教や文化を超えて、いろいろなところに実現している。しかし、それが主観的な曖昧さを免れず、科学的方法での証明もできない生命形態であるため、近代文明では、ほぼ無視されてきたのである。したがって現代の生命倫理は、もっぱら生物学的個体生命であるビオスを対象としたものであり、生死を超えた〈いのち〉についての考察は、まったくなされていない。

初期大乗仏教の思想家である龍樹（ナーガールジュナ）の主著『根本中論頌』には、以下のような文章が記されているが、それは二千年近く前に近代人に向けて発せられた警告だったのかもしれない。

智慧の浅いものは、ものの存在性（ostiva）や非存在性（māstiva）を見るだけで、平安な寂《じゃく》滅《めつ》を見ることができない。（『根本中論頌』観六種品第五）

龍樹がいう「平安な寂滅」こそがゾーエー的生命にほかならないが、それに関しての思惟は形而上学的なものであり、哲学や宗教の範疇《はんちゅう》に属するのかもしれないが、そのような視点をまったく無視して、生命倫理の新しい展開というのは望みようがない。

生命倫理を一神教的コスモロジーから解き放つ

　そのような「個」の生命のみを思索の対象とする生命倫理の土壌となっているのは、ユダヤ＝キリスト教の思想文化をバックボーンとする一神教的コスモロジーである。

　究極の「個」は神であるが、「創世記」に「我々にかたどり、我々に似せて、人を造ろう」と記されている以上、神の似姿（Imago Dei）に創られた人間の「個」には、神につぐ尊厳があるとされる。そこから、より神の資質に近い有能な「個」としての英雄崇拝が始まったのである。

　西洋文明の出発点ともいうべきギリシア文化も、その基盤にあるのは多神教的神話なのだが、その大部分が英雄物語であり、そこに強烈な個人崇拝が存在している。その結果、ギリシア彫刻に顕著なように「個」の肉体を賛美する芸術が誕生することになった。真善美を体現する「個」は理想的人間として、神のごとく崇められる。

　したがって、一神教的コスモロジーの根底にあるのは「個」への確執であるといえ、「個」が共同体の中に埋没するような非西洋的民族文化は、神不在の未開で虚無なる世界とみなされてきた。その「蒙昧《もうまい》」を啓蒙するために、宣教師たちは万里の波濤を越えて、世界布教を企てたのである。そして現在は、一神教の最先端にある「アメリカ教」が、地球の隅々まで政治、経済、文化など多方面にわたって決定的な影響を及ぼしていることは、すでに述べた。

　現代の生命倫理も、そのような文明形態の中から生まれたものであり、「生命」と「倫理」の両方が一神教的なコスモロジーで定義づけられたものを前提としている。つまり、生命倫理の研究そのものが、一つの限定された世界観の中で展開しているのであり、その事実への根本的な反省は、ほとんど皆無に近い。

万能細胞と呼ばれたりもする胚性幹細胞を獲得するためにヒト胚を破壊しなくてはならないが、受精卵がどの時点から人間としての尊厳を得るのかという議論以前に、そのような試みを企てている人間の存在そのものについて十分に思索を深めなくてはならない。

そういう意味で、現在、人工生殖、クローン、幹細胞の再生利用など「人間改造」に貢献すると思われる個々の科学技術の問題の倫理性をめぐって議論されている生命倫理は、「個」の機能を最重視する「アメリカ教」的価値観を依拠とする「倒錯の生命倫理」という見方もできるのである。

なぜ近代人は高層ビルを建てたがるのか

かつてキリスト教が世界の津々浦々まで広がっていったとき、そのシンボルとなったのが、ゴシック建築を典型とする大聖堂である。宗教はつねに、シンボリズムとしてのトーテムを必要とするが、それはトーテムが同じ宗教的コスモロジーを共有する集団の統合力の象徴となるからである。

日本の神道にとっては、ご神木や鳥居がトーテムである。日本軍が太平洋戦争中に侵攻していった外地に、まず建てたのが鳥居であったというのも、そのことによって日本文化をそこに土着化させたいという心理的な理由があったからである。

そこで「アメリカ教」のトーテムが何かということになれば、それは近代建築技術の粋を集めた摩天楼にほかならない。今でこそ世界中の大都市に高層ビルがひしめき合っているが、一昔前までは摩天楼といえば、アメリカの象徴であった。

私も生まれて初めて、アメリカに渡ったとき、飛行機の窓から見えたサンフランシスコの高層ビル群に、ゾクゾクとするほど感動したことがある。輝かしい「アメリカ教」の栄光が、そこに誇示されていたからである。

キリスト教の大聖堂にも尖塔があるように、摩天楼もエンパイア・ステートビルを典型として、天を衝く構造になっている。

図2-2　ニューヨークの高層ビル
（©joyphoto.com提供）

それには本来、天空の神を志向するという意味があったが、それが次第に変化し、近代においては人間が神の栄光に迫ろうとする野心的意欲を象徴しているといえよう。

もちろん近代都市に摩天楼が林立するのは、人口密度が高い土地を最大限に有効利用するという現実的な理由があるわけだが、その背後には「アメリカ教」を精神原理とする近代文明の繁栄を志向する深層心理があることを知っておくべきだ。

だからこそ、今や各国が既存の世界最高記録をしのぐ高層ビルを建設しようとするのであり、そのことによって自分たちが近代文明のトップランナーであることを誇示したいわけである。マレーシア、中国、台湾、アラブ首長国連邦のように、途上国から先進国の仲間入りをしようとする憧憬が強い国であればあるほど、その傾向が強い。

9・11事件で崩壊してしまったニューヨークの世界貿易センターの跡地に、アメリカ独立の年にちなんだ一七七六フィート（約五四一メートル）のフリーダム・タワーが建つことになっている。それは、以前よりも高いビルを建てないことには、「アメリカ教」のトーテムをイスラム原理主義者に否定されたことになってしまうからだ。

世界で活躍する建築家、安藤忠雄は、自然の塚のような低い構造物を設計し、国際コンペで敗れたそうだが、そのような提案を受け入れるほど、まだアメリカ文化は成熟していない。

図2-3　モスクワ大学（毎日新聞社提供）

共産主義も一神教の変形である

高層建築といえば、モスクワにもスターリン建築と呼ばれる左右対称形の荘厳な高層ビルが、ロシア政府外務省やモスクワ大学など七つある。それらはスターリン時代に建てられたものだが、現在もネオ・スターリン様式に引き継がれ、トライアンフ・パレスのようにヨーロッパ一の高さを誇る建築がある。

共産主義国であるロシアにも、なぜ資本主義を象徴するエンパイア・ステートビルと基本形が同じ建物があるのかといえば、共産主義もまた一神教の変形であるからだ。

共産主義者は自分たちが無神論者であることを標榜するが、それは伝統的な神観念を受け入れないというだけであって、実際は「権力」という神を信奉している。共産主義が平等社会を保証するイデオロギーというのは、おおいなるフィクションに過ぎず、それは異常なまでの権力集中を基盤とする管理統制主義にほかならない。

そのような非情な社会構造の断面図が、ソルジェニーツィンの『収容所群島』に生々しく描かれている。極寒のシベリアに何百万人もの人たちが「囚人」として送り込まれ、炭鉱などで働かされた。終戦直後、ソ連の捕虜となった日本人も同じような目にあったが、それが「権力」を絶対視する共産主義の正体なのである。

共産主義が一神教の変形であることは、クレムリンを見れば、一目瞭然としている。それはロシア正教の教会群であり、世界の行政府の中でも、あれほど宗教的な雰囲気を漂わせている建物はない。私が赤の広場に初めて立って、クレムリンを見渡したとき、「ああ、これは京都にある本願寺と同じだ」と思わず洩《も》らしてしまったほどである。

しかも、その正面にある立派な建物は、レーニン廟という、この上なく宗教的な施設である。実際にそれはバビロンの古代寺院建築をモデルにしたものだが、唯物主義国家の中枢部に、近代史に実在した人物を聖人化するような仕掛けがあることは、じつに皮肉な話である。

そこへ入って防腐処理されたレーニンの遺体を拝するためには、短パンやタンクトップであってはならないとするのは、イスラム教のモスクとまったく同じルールである。そういうことにロシア人自身が矛盾を感じないのは、やはり彼らが共産主義に対して宗教感情を抱いているからだろう。

じつは、マルクス＝レーニン主義の世俗的権威と宗教的権威を一致させる体制は、皇帝教皇主義（チュザロパピズム）と呼ばれ、東ローマ帝国のビザンチン教会の伝統を受け継ぐものである。共産主義という一神教の教皇であるロシア大統領の強大な権限は、軍と連邦警護庁（旧ＫＧＢ）などによって守られており、それに叛旗を翻すと、どういうことになるかは、最近の謎に包まれた連続暗殺事件を見ればわかる。

東西冷戦時代は幕を下ろしたが、アメリカ大統領がローマ・カトリックの法王の権威、ロシア大統領がロシア正教の総主教の権威をそれぞれ継承しながら、拮抗している構図は今も現存する。米ロの首脳が会ったときは、にこやかに歓談している映像が流されるのに、それぞれ別なところでは、相手に対して辛辣《しんらつ》な批判を向けているのは、そのためである。

独裁者という神像

ところで、ペレストロイカによって自由な信仰生活が認められて以降、ロシア正教も息を吹き返している。私が訪れた赤の広場近くにあるカザン聖母聖堂は、大勢の信者でごった返していた。おもしろいのは、まるで東京の浅草寺の参拝客がそうするように、ロシア人たちもろうそくと護符を買い求め、僧侶に祈禱を依頼していたことである。

この熱気が宗教弾圧時代はどこに潜んでいたのだろうと、ふと考え込んでしまった。なんのことはない。キリストを思う感情は、共産主義体制の指導者に向けられていたのだ。今でも年配者の中にブレジネフやフルシチョフ時代を懐かしみ、あのころのほうがよかったと懐かしむ人が多いのは、そのためである。

スターリンやレーニンなど、外国人の目からすれば、多くの市民を粛清した独裁者以外の何者でもなさそうな人物が、ロシアでは今でも信奉者が多いのは、共産主義という一神教の宗教的威厳を体現している存在だったからである。

中国の毛沢東についても同じことがあてはまる。北京の天安門広場には毛沢東記念館があり、やはり遺体がろう人形のように永久保存されている。歴史家の手によって、けっして人民の味方とはいえなかった毛沢東の実像が次第に明らかにされつつあるが、それでも記念館に「参拝」する人は後を絶たないし、毛沢東の巨大な肖像画は、天安門に掲げられつづけている。

それは巨大な中国国家を共産主義という一神教で統一していくための不可侵な神像なのである。そして今や実質的には、いずれの資本主義国家よりも、資本主義的になりつつある中国では、神観念が「権力」から「富」に変容し、十数億の国民がそれに向かって突進しはじめたのである。

歴史的ベストセラーとなった『バカの壁』の中で、養老孟司は次のような発言をしている。


イスラム教、ユダヤ教、キリスト教は、結局、一元論の宗教です。一元論の欠点というものを、世界は、この百五十年で、嫌というほどたたき込まれてきたはずです。だから、二十一世紀こそは、一元論の世界にはならないでほしいのです。……バカの壁というのは、ある種、一元論に起因するという面があるわけです。（一九三−一九四頁）

伝統的一神教のみならず、共産主義や社会主義も典型的一元論である。現代世界における大国の大半が、一元論で動いていることを思えば、われわれが直面する「バカの壁」の大きさに、愕然とせざるを得ない。

巨大ピラミッドが林立する近代文明

「アメリカ教」をバックボーンとする近代文明をたとえてみるなら、地上に高くそびえるピラミッドのようなものである。それは人間が知識と技術と富というブロックを営々と積み上げることによって築かれたピラミッドである。

中でも超大国アメリカの巨大ピラミッドは、ほかの国々を睥睨《へいげい》するようにそびえ立っている。その周辺には日本や西欧諸国のピラミッドが、いくらかの高低差はあるものの、堂々と並び立っている。その陰に、途上国の小さなピラミッドが寄り添うようにして立っている。

余談だが筆者がいつか訪れたブータン王国では、高層ビルはゼロであった。どの建物もブータン特有の木造建築で、見ているだけで楽しくなるような美しい装飾が施されている。

まるで京都の古い町屋でお会いしたことがあるような、品のよい老女である皇太后とも親しく「お茶する」栄誉に恵まれたが、花畑に囲まれる王宮も質素な木造建築だった。私の死後、もし地獄の閻魔帳《えんまちょう》に登記漏れがあり、間違って「王様」に生まれ変わるようなことがあるなら、ベルサイユ宮殿よりも、ブータンの宮殿に住みたいものだ。

ブータン王立図書館長から直接聞いた話だが、ブータンの若者が海外留学をしても、帰国後、数ヶ月は寄宿舎に入れ、外来文化に洗脳されていないのを確認してから、社会復帰させるそうである。仏教精神で国を治め、GHP（General Happiness of People）を国是としているブータンでは、経済力がないというより、近代文明の象徴である高層ビルを建設する意味がないのである。

さて近代文明というピラミッドの上層部には、富と権力の闘争において勝ち組となった者が、文明の恩恵を最大限に享受している。まるで六本木ヒルズの上層階に日本の新興富裕層が競って住みたがるようなものである。

ピラミッドの下層部に置かれた石は、その闘争に敗れて負け組に入ってしまった人々である。ピラミッドが大規模であればあるほど、遠めには美しくそびえ立って見えるが、下層部で重圧に耐えて暮らす人々が増えることになる。

そのような負け組に押しやられないために、人々は高学歴を目指し、人脈を広め、投資のための資金を準備する。そのような世俗的営みを継続するには、上昇志向とか野心とかいうものをより強くもっている必要がある。

それは個性尊重の意識的世界であり、その努力の成果は、地位や収入という目に見えるかたちで現われてくる。それがゆえに、親も学校の教師も子供たちに幼いときから「頑張って」、いい学校に行き、いい会社に就職するよういい聞かせる。

中世社会の貴族は血筋によって固定されていたが、経済力によって形成される現代の「貴族」は、流動性があるぶん不安定である。その不安定さを少しでも軽減しようと、自分が勝ち組にいると思っている親は、子息子女の結婚でさえも、勝ち組同士でなければならないと決めつけたりする。

とくに「富」を神と仰ぐ「アメリカ教」では、ピラミッドを登り詰めた人間が、政府であれ、企業であれ、組織のリーダーとして数十億円以上の年俸を得ることも当然とされる。ここで、先述した一ドル紙幣裏面にあるピラミッドのことを思い出してほしい。上層部だけが切り離され、光輝いているのである。

ところが二十世紀後半あたりから、ピラミッドの光の部分と闇の部分のコントラストが目立つようになってきた。全世界の富がごく一部の先進国に集中し、しかも先進国の中でも、その富をごく一部の階層が牛耳るようになってしまっている。

もちろん、人間社会にはいつの時代も貴族と奴隷のように不公平な身分制度が存在してきた。一部の国を除いて、そのような身分制度がなくなったのは、近代の光の部分である。

しかし、近代は新たな闇を作ってしまった。もしも途上国の貧困層に生まれ落ちたなら、這《は》い上がるチャンスすらないのである。家族を支えるために、学校に行ったこともない子供たちが、朝から晩まで汗まみれ、油まみれで働いても一ドルも稼げない。おまけに、いつ大怪我をしたり、深刻な病気になったりするかわからない環境で働いている。それが世界の児童労働の実態である。

このような絶望的な格差社会を作ってしまったのは、直接的には資本主義かもしれないが、真犯人は一神教的コスモロジーである。なぜなら、すでに述べたように、ピラミッド型の男性原理社会では個人的能力が厳しく問われ、速く、強く、賢くある者が競争の勝者となる。経済学者の川勝平太もそのことを指摘している。

近代ヨーロッパ文明は一段と強固な父権制に立脚している。宗教改革をおこしたプロテスタントたちは、カソリックにおけるマリア崇拝を排除した。ヨーロッパに残っていた女性原理の最後の象徴を排除したのである。そのプロテスタントたちが近代資本主義の担い手になった。近代文明は強固な男性原理の上に立っているといわねばならない。(『「美の文明」をつくる』、四五頁)

弱肉強食ともいえる近代資本主義の歪みを修正しようとしたのが、共産主義や社会主義と呼ばれるものであった。しかし、それもまた一神教的コスモロジーにもとづくものであったため、格差の要素が資本から権力に変わっただけで、ものの見事に失敗してしまった。

共産主義から実質的資本主義への移行を手際よくやってのけた中国は人類の壮大な実験ともいえるが、国民間の経済格差は、まもなくアメリカ以上に深刻なものとなるのは避けがたい。そしてその先に待ち受けるのは、国家分裂の危機である。

「力の文明」の終焉

しかし近代文明というピラミッドの致命傷は、それが確固たる礎石の上に構築されておらず、外見上の美しさとは裏腹に、脆《もろ》い構造になっていることである。高層ビルを建設するには、地中深く鉄柱を打ち込まなくてはならないように、地上のピラミッドが高ければ高いほど、目に見えない地下の土台を必要とする。

図2-4　ピーテル・ブリューゲル「バベルの塔」
（ウィーン美術史美術館蔵、ユニフォトプレス提供）

ところが近代文明が人間の手に高度な科学技術を与えるやいなや、人類は抑えがたい欲望に駆り立てられ、いよいよ天を衝くようなピラミッドを築きはじめている。近代文明の危機は、温暖化だけが原因になるわけではない。地域紛争における突発的な核兵器の使用、生態系を脅かすような生命科学の発展、搾取的な経済構造なども、いつでも人類の息の根を止めることができる。

そのように近代文明は、聖書に説かれているバベルの塔のごとく倒壊の危機にさらされるようになったのが、現代という時代なのである。「盛者必衰《じょうしゃひっすい》」というのは、なにも平安時代の平家一族に限った話ではなかったのである。

一神教的コスモロジーを基軸とする「力の文明」の終焉の予兆となったのが、

二〇〇一年の9・11同時多発テロ事件であった。先ほど高層ビルが「アメリカ教」のトーテムであると指摘したが、その高層ビルの頂点ともいえる世界貿易センターが、脆くも崩壊したという事実は、永く人類史に刻まれつづけるにちがいない。

ニューヨーク観光をして、世界貿易センターを高速エレベーターで昇り、その威風堂々たる建築美に、ため息を漏らした日本人も少なくないはずだ。私もマンハッタン上空をヘリコプターで旋回したことがあるが、世界貿易センターの威容は群を抜いていた。

こともあろうに、その世紀的な建物が、まるで積み木細工のように、あっという間に崩れ去ることなど誰も想像もしなかったにちがいない。たった二機の旅客機が、マンハッタンのど真ん中にある世界最高級の建築物を文字通り砂上の楼閣のように突き崩した。そのことについて、少し頭を切り替えて、冷静に考えてみる必要がある。

じつはそれはテロリストという邪悪な人間がやってのけた仕業ではなく、近代文明への警鐘を鳴らす神の御業だったのではなかろうか。その犠牲者を悼む気持ちには変わりはないが、文明史的な目で見れば、人類が築き上げた「バカの壁」をこれ以上、大きくしないために、神がテロリストの手を借りて、それを突き崩したように思えてならない。

そういう意味で、現代におけるバベルの塔は二〇〇一年という年に、すでに崩壊したと考えるほうが正しいのではないか。その認識がないままに、既存の路線を猛進していけば、その先に待ち受けるカタストロフィーは想像を絶するものになる可能性がある。

第三章●多神教的コスモロジーの復活

絶対的造物主のいない多神教的コスモロジー

戦争や紛争、経済格差、環境破壊、科学技術の乱用など、ここまで論じてきたさまざまな理由からも明らかなように、ピラミッド型近代文明の先行きに、いよいよ黄色信号が灯ったと考えてよい。このまま「アメリカ教」に代表される一神教的コスモロジーだけで、人類社会を動かしていこうとすると、早晩、文明間の衝突だけではなく、格差を原因とした人間間の衝突が激しくなっていくだろう。心理学者の河合隼雄も、一神論的思考の危うさについて次のように論じている。

信仰としての一神教は暫くおくとして、一神論的思考がこの世のことに強く作用すると、権力的な集中的統制力が高まってくる。もちろんそれは常に絶対に「正しい」ことや「よい」ことと主張されるが、結果的には厳しい統制の世界をつくりあげることができる。デイヴィッド・ミラーが、「自由な民主主義の中には、潜在的な多神論がある」という、シオランの言を引用して、多神論的思考法の意義を説くのは、うなずかされるところがある。(『対話する生と死』、二九四-二九五頁)

このへんで「権力的な集中的統制力」をもつ文明の形態を転換しないことには、人類社会の行き詰まりは目に見えている。それには近代文明の軸足となっている一神教的コスモロジーから多神教的コスモロジーへの移行がどうしても不可欠となる。

多神教的コスモロジーとアニミズム

では、多神教的コスモロジーとは何か。それをここで明らかにしておきたい。まず多神教の代表的なものとして、ギリシアの古代宗教、エジプトの古代宗教、インドのヒンズー教、日本の神道、そして世界各地の民族信仰などがあげられる。

多神教には、絶対的な権威をもつ造物主が存在しない。宇宙が一人の神によって支配されるわけでなく、多くの神々が役割分担をし、全体のバランスを保っている。

一例をあげれば、日本の『古事記』では天地開闢《かいびやく》のおり、天之御中主神《あまのみなかぬしのかみ》ら造化の三神と別天津神《ことあまつがみ》と呼ばれる二神が登場するのだが、なにか劇的な奇跡を見せるわけでもなく、まもなく消えて行く。その後に続く神世七代《かみよななよ》にも次々と神々が現われ、その最後の代であるイザナギとイザナミが、やっと国産みを始める。

国産みのような造化の業も、一人の神が「光あれ」と命じるのではなく、男神女神の生殖行為によってなされる。神々は産みの力の権化として、多産であることが讃えられる。そのようなタイプの創造神話が存在する以上、日本という国に性行為に対して厳しい掟を定めたり、性を卑猥《ひわい》なものとして罪悪視する宗教文化が生まれくるはずもなかったのである。

産みの力が重視されるのだから、男神女神の間に性差があるわけではない。むしろ、日本のアマテラスのように母性原理を象徴する女神のほうが、重要な位置を占めていることが多い。ヒンズー教では、ブラフマ、シヴァ、ヴィシュヌの三神が中心といいながら、実際にヒンズー教徒がもっとも熱心にお参りするのは、シヴァの妻の憤怒相であるカーリー神である。血を好むカーリーが尊崇されるのは、殺戮《さつりく》の力とともに、強烈な性力（シャクティ）をもつからだ。

似たようなことは、ギリシア宗教でもあり、ゼウスやアポロが崇められる一方で、もっとも熱狂的に信仰の対象となっていたのは、狂える酒の神ディオニュソスであった。そして、そのディオニュソスの祝祭では、女性たちが酒を飲み、解放された性の喜びを味わうのであった。

一神教では、神は超越的であるため一切の形相をもたないが、多神教では神々は人間の想像力に任せて、さまざまな具象をもって描かれる。中でも圧巻なのは、古代インドのバラモン教の伝統を引き継ぐヒンズー教であり、ヒンズー寺院を初めて訪れた人は、にぎにぎしき極彩色の神々の像に遭遇し、思わず立ちくらみを覚えるだろう。

日本の神道では、奈良時代あたりから一般化しはじめた神仏習合の影響で、僧形八幡菩薩像が刻まれるようになるまでは、神が人間のような姿をもつとはされなかった。そのことは古神道の原型をとどめる沖縄の御嶽《うたき》を見れば、理解できる。

そこにあるのは、海、山、島、岩、樹木などだが、日本人には教典に記されている聖句を一行たりとも読まずに、いつでも神々を拝むことができる伝統があるのである。

また多神教の神話から読み取れるのは、神にしろ、人間にしろ、行為された過ちに対して、断罪がないことである。たとえ断罪があったとしても、それが最終的な結末ということでなく、たいていの場合、復活の機会が与えられている。

『古事記』で火の神カグツチは、誕生のおりに母イザナミの陰部に火傷を与えたことが原因で、母の命を奪ってしまう。それに怒った父イザナギは、我が子カグツチを滅多切りにする。

是《ここ》に、いざなきの命、佩《は》かせる十拳剣《とつかつるぎ》を抜きて、其の子かぐ土の神の頸《くび》を斬る。尓《すなわ》ち、其の御刀《みたち》の前《さき》に著《つ》きし血、湯津石村《ゆついわむら》に走《はし》り就きて成れる神の名は、……。

とあるように、結局、カグツチの体が寸断されただけで、その血と死体から、合計十六柱もの神々になって復活してくる。

多神教の基盤にあるのは、多様な生命形態に不変なものを感得するアニミズムである。それは自然と密着して生活していた人々が、丹念な自然観察をすることによって、おのずと身につけることになった宗教感情である。

アニミズムは、ふつう自然の万物に霊魂を認める精霊信仰と訳されるが、その本質は個々の自然現象に限定されない永遠の〈いのち〉への敬虔感情であり、そこに一神教的性格すら存在するといえる。

老木が枯れ果てても、その根っこから若木がすくすくと育ってくる。その生々流転のさまから、けっして断絶のないたしかな〈いのち〉の流れを生活の中で感得していたところから、アニミズムは発生したと理解するほうが、正確だろう。

このような多神教の特徴から演繹される多神教的コスモロジーの要点を最後に整理しておこう。

① 単一原理で世界が支配されるのではなく、世界は不確定な要素で動いていく。
② 男性原理と女性原理は敵対するのではなく、相互補完的関係にある。
③ 聖なるものは、抽象的でなく、可視的世界にこそ存在する。
④ 真理は、形而上学的理念に頼らずとも、具体的かつ平明に表現できる。
⑤ 生物学的個体生命の生滅とは無関係に、永遠の〈いのち〉の継承がある。
⑥ 個性重視の意識的世界ではなく、没個性的な無意識世界にこそ真価がある。
⑦ 絶対的な正義や悪が存在するのではなく、倫理はあくまで相対的なものである。
⑧ 他者を断罪する権威は何人《なんぴと》ももたない。
⑨ すべてのものは有機的な関係で結ばれており、孤立していない。
⑩ モノとココロは分けられない。

これで多神教的コスモロジーの要素を尽くすわけではないが、おおまかなところは、この十項目で押さえられているだろう。

なぜ『ダ・ヴィンチ・コード』が流行するのか

一神教的コスモロジーの特徴は、男性原理が主軸となっていることである。それは、創造主に絶大なる父のイメージを仰いでいることに由来する。厳父のような神のイメージを作り上げたのは、神の啓示でもなんでもなく、牧畜を中心とした男性優位の社会構造にほかならない。

王制や封建制度が普及し、領土を武力で治める必要が出て来たときに、男性の権威を裏づけるためには、父性のイメージをもつ神を中心にした信仰体系のほうが望ましいのは、いうまでもない。

そこでは父と子の間に契約が結ばれ、父の絶対的権威に従うことが、信仰の証となる。それを守らないことは〈不義〉であり、神から見放され、地獄に堕《お》ちると脅迫される。同様に、父と主人と息子の権威に従わない女性は、悪女であり、魔女となる。

そのような論理が通用したのは中世までであったが、近代社会では宗教的なニュアンスが薄まり、男性優位主義という社会構造だけが残存することになってしまった。

欧米社会では、「レディーファースト」のマナーなどが徹底しており、女性を大切にしているという見方もあるだろうが、社交儀礼が目に見えない人間の心理構造を必ずしも反映しているわけではない。でなければ、男性によるすさまじい家庭内暴力が、欧米やイスラム社会に大量に起きるはずもない。

最近になって女性の社会進出が顕著になり、大きな組織でも管理職に就く女性も増えつつあり、ようやく近代が中世の因習を脱却しはじめた兆しともいえるが、それでも男尊女卑の考え方は、まだまだ人間心理に根強く残っている。

ちなみに福音書では、イエスの磔刑と埋葬に立ち会っただけでなく、彼の復活を最初に目撃したマグダラのマリアが、聖女として登場する。しかし、彼女がじつは罪深い娼婦であったという見方がっているといえるだろう。

おまけに、『最後の誘惑』『レンヌ＝ル＝シャトーの謎』『マグダラのマリアと聖杯』、そして最近大ヒットした『ダ・ヴィンチ・コード』などの作品では、イエスは彼女と結婚し、多くの子供をもうけたふつうの人間であったとする仮説を原型としている。

一九四五年エジプトで発見された『ナグ・ハマディ写本』の中に、初期キリスト教グノーシス派の文書『ピリポによる福音書』が含まれていたが、そこには以下のような驚くべき文章が記されている。

主は、マリアをすべての弟子たちよりも愛していた。そして彼は彼女の口にしばしば接吻した。他の弟子たちは彼がマリアを愛しているのを見た。彼らは彼に言った。「あなたはなぜ、私たちすべてよりも彼女を愛されるのですか」。救い主は答えた。彼は彼らに言った。「なぜ、私は君たちを彼女のように愛さないのだろうか」。（『ナグ・ハマディ文書Ⅱ　福音書』、七六頁）

文献の欠損部分が推定で補われたところもあるが、多神教文化に馴染《なじ》んだ日本人なら、抵抗なく受け入れられる文章である。しかし正統派クリスチャンにとっては荒唐無稽なフィクションに過ぎず、この福音書は正典ではなく、外典とされている。

イエス結婚説の歴史的信憑性はともかく、そのようなキリスト教信仰の根幹を揺るがすような物語が世界中で人気を博している事実は、男性原理だけで世界が説明されてきた一神教的世界観に対するポストモダンの思想的抵抗の現われととれる。

母性原理の逆襲

それは、さまざまなかたちで現われはじめている。プロテスタントの信仰は、あくまで聖書が中心で、カトリックのように絵画や像を礼拝の対象にすることはない。ましてや、イエスの母といえども、一人の人間に過ぎないマリアを拝むことは、一種の偶像崇拝であった。

ところが、最近のアメリカのプロテスタント系の教会で、聖母マリアの存在が大きくなりつつあるという。これは、神学的にみれば珍現象であるが、深層心理学的には当然の成り行きのように思われる。

男性原理が支配的であった欧米社会に、フェミニズムが台頭してきたのも、母性原理の逆襲の一端なのかもしれない。アメリカあたりには、男性そのものを敵視するような好戦的フェミニストが少なからずいるが、彼女たちの生い立ちや過去の記憶に、よほど抑圧された感情があるのだろう。

また、そのようなフェミニズムが引き金となって、学問の世界でもジェンダー論がホットな研究課題となっている。感情論に走らず、男女の不平等を許してきた歴史的社会構造を冷静に分析することは、重要である。これからのジェンダー論がどちらのほうに向かって発展していくのか、注目したい。

人類社会には、男女が相半ばしている。もう少し厳密にいえば、男よりも女のほうが多い。なのに、男性原理だけを軸として、世界を動かしていこうというのは、たしかに不当である。

その点、男神と女神が共同で国産みをするという日本の創造神話は、考えようによっては先進的なものである。記紀神話には、イブがアダムのあばら骨から生まれてきたというようなモチーフもなく、イザナミは黄泉の国という「見るなの座敷（forbidden chamber）」までやって来たイザナギに対して本気で怒り、アマテラスは許可なく高天原《たかまがはら》にやって来たスサノオに、鎧まで身につけて対等に向きあう。

母性といえば、わけもなく男性を甘やかすような母親をイメージしがちであるが、みずからのアイデンティティを確立した女性こそが、真に母性を体現しているのである。

母性尊重は女性の社会進出を妨げない

男性原理が支配的な競争社会のどこが問題かといえば、たとえ才能と運に恵まれて勝ち組に入ったとしても、つねに他者との比較という魔物が立ちはだかり、優越感もしくは劣等感の犠牲者とならざるを得ない。

むしろ社会的に成功している人物のほうが、みずからの潜在意識に潜む劣等感を自覚しにくいだけ厄介かもしれない。そして男性原理社会に、真に自立した男性が希有であるという皮肉な現象が生じてしまうことになる。なぜなら、一個の人間がアイデンティティを確立していくためには、どうしても男性原理だけでなく、女性原理が欠かせないからだ。

アイデンティティ・クライシスという概念を打ち出したエリク・エリクソンは、人間の心理社会的発達段階を八段階にわけるが、最初の発達段階で形成されるのが、三歳ぐらいまでのベーシック・セキュリティー（基本的信頼）とする。

ベーシック・セキュリティーとは、母親の愛情に全身を委ねきる乳児が感じる安心感のことであるが、それが基礎となり、成長するにつれて人間一般に対する基本的信頼感が醸成されていく。それがまた自分への信頼感ともなり、肯定的な世界観につながっていくことになる。

ところが、現代社会ではこのベーシック・セキュリティーが壊れてしまって、いつまでもセルフ・アイデンティティを確立できないでいる人間があまりにも多いのである。社会的にそれなりの地位にあり、活躍している人物であっても、そのケースにあてはまることは少なくない。

このような現象の原因は、いずこにあるかといえば、皮相な個人主義の横行と、核家族化の拡大で、家庭生活が根本的に不安定なものになってしまったからだ。その不安定な家庭で、「三つ子の魂、百まで」といわれるほど、繊細な感受性をもつ幼少期の子供が強い影響を受けないはずはない。

女性が差別されることなく、男性と同様にその可能性を最大限に発揮できる社会を作っていくことは素晴らしいことである。そのことについては、疑いがない。しかし危ういのは、男女共同参画社会のことを、あたかも女性が女性であることを放棄し、男性化することのように考えている女性が少なくないことである。

男女に優劣はないが、男女には厳然たる生物学的違いがある。その特性をそれぞれが生かしてこそ、人格の完成に近づくことができる。ということは、女性がほんとうに強くなるというのは、みずからの女性性を伸ばし、円熟した母性を手に入れることではなかろうか。

それは必ずしも、女性が家庭にとどまり、出産と子育てに専念すべきであるという主張ではない。

女性が結婚するかどうか、子供を産むかどうかは、女性自身が決めることであり、第三者が口出しすべきことではない。

しかし、女性がどういう生き方をするにせよ、その肉体と感性にそなわる母性を放棄することは、人類社会に大きな危機を招くことになるだろう。なぜなら人間という動物は、ベーシック・セキュリティー形成のために、どうしても母性を必要とするからである。

母性の逸脱がアダルト・チルドレンを生む

その成長過程の妥当な時期において、あふれるような母性に包まれ、またその母性から離脱する体験をもたない人間が、アダルト・チルドレンになっていく。また、過剰な母性に包まれ、そこから離脱できないのが、いわゆるマザコンであり、そのこともアダルト・チルドレンの原因となる。とくにその傾向は、わけもなく母親が男児を甘やかせる習慣がある日本の男性に多い。

男性が自己のアイデンティティ確立に失敗し、女性化していく反動で、女性がいよいよ母性を捨てて、男性化していくことになる。少子化は日本政府が担当大臣まで設けて、真剣に取り組もうとしている課題であるが、自己確立できた男女が育たないかぎり、社会環境を整えるだけでは解決しないだろう。

ということは、母性が父性によって不自然に抑圧されても、また反対に、家庭内で弱い父性を補うために母性が過干渉になっても、人間は健やかに成長できないということだ。

思春期にアイデンティティ・クライシスを体験するのは、人格形成上、イニシエーション（通過儀礼）として大切なことなのだが、問題はそれをいつまでも引きずってしまうことである。

アダルト・チルドレンが多すぎることが、社会全体を不安定なものにしてしまうことは、いうまでもない。政治や行政の中枢にも、企業経営の頭脳部にも、学歴もあり、身なりもよいアダルト・チルドレンが占拠し、次々と間違った判断を下していく社会に、明るい希望などもちようがない。

私は企業で働いた体験がないので、大学組織しか知らないが、学者などには若いときは勉強ができ、地域社会では秀才としてチヤホヤされ、長じても社会経験をもたないまま研究機関に収まってしまうため、子供じみた人格の持ち主が、まま見受けられるのである。

そのことは世襲制の寺院組織についてもいえることで、苦労知らずの寺の跡取りが、きらびやかな法衣をまとって、もっともな説教をしても迫力がない。宗教的にも社会的にも、人生の「場」を踏んでいないからである。

魔女の正体

男性原理が支配的であるがゆえに、一神教的コスモロジーが敵視してきたのが、母性原理である。西洋の神話にある魔女や悪魔とされてきたものが、じつは男性原理では把握しきれない人間性の中の未知な部分ではなかったか。

なぜか、同じ一神教でも魔女狩りは、ユダヤ教の歴史にはなく、十五世紀以降のキリスト教に特有のものであった。おそらくユダヤ人社会では、家庭で子供に伝統的生活慣習を教える母親の役割が高く評価されており、それを否定的にとらえる文化が育たなかったのであろう。その証拠に、トーラにはユダヤ教徒である条件として、母親がユダヤ人であることが記されている。

　魔女の原型は、小さな村落共同体で活躍する呪術医、シャーマン、助産婦にあったとされるのは、彼女たちが人間の生死の境目に立ち会い、ときには死の責任を負わされたからではないか。

　現にドイツ語の魔女Hexeは、「垣根の上にいる女」という意味であるが、それは生と死、神界と魔界の「垣根」に立つ者という意味である。たいていの童話では、黒い頭巾をかぶり、黒いマントを羽織ったかぎ鼻の老婆というイメージで登場してくるが、それは彼女たちが死神的存在と見られていたことを示している。

　十五世紀後半、ドイツで異端尋問官をしていた二人のドミニコ会修道士によってあらわされた『魔女の槌』は、魔女が肉体と魂をもって実在することについて、「この主張が正統なカトリックの考えにもとづく真実である」とした上で、こと細かに魔女の特徴を網羅している。

　魔女の大きな特徴の一つに性的放縦があるが、エデンの園を追われたアダムとイヴが犯した「原罪」に始まるキリスト教信仰では、処女性を尊重し、性を罪悪視する傾向が強い。その反動として、悪魔と情事を重ねる魔女というイメージが作られていったといえよう。

図3-1　フランシスコ・デ・ゴヤ
「かわいらしい先生」
（The Harvard University Art Museums 蔵）

その点、男女の生殖器に似た形の岩やら洞穴を産みの力の源泉とみなし、性器崇拝の伝統をもつ多神教には、山姥やら雪女の民話はあっても、淫乱な魔女という神話的モチーフは希有である。

ところで当時のヨーロッパでは、魔女裁判の法的根拠となった『魔女の槌』だけではなく、トーマス・アクィナスなどによって、魔女をテーマとした多くの学術論文が大真面目に発表されていた。その愚行を批判することは容易だが、現代においても、それに相当する言論の暴力が存在しないとはいえまい。

深層心理学的には、魔女は男性が抱く理想の女性像としてのアニマの裏面、あるいは母性の象徴であるグレート・マザーの否定的側面としてのテリブル・マザーといえる。非常に魅力のある存在でありながら、合理的には説明のつかない人間性の裏側を魔女としたと考えられる。

日本人男性が自分の妻を「山の神」と呼んだりするのも、自分の論理構造では理解しきれない側面を彼女の中に見てしまうからである。

ユングの四位一体説

人間は、みずからの理解を超えた属性に対して警戒し、それへの恐怖感が高まってくると、悪魔的な存在と決めつけたがる性癖がある。暗いところに、幽霊がいると想像するのと同じである。

そのことに早くから気づき、深層心理学の立場からキリスト教神学に疑義を唱えていたのが、スイスの精神科医カール・ユング（一八七五―一九六一）である。

彼は師であったフロイトのもとで、人間性における圧倒的な無意識の影響力に目を向けることを学んだが、その後、フロイトから離れ、独自の理論を展開しはじめた。

中でも、ここで注目したいのは、四位一体（Quarternity）という概念である。彼は臨床の精神科医として、人間の無意識に潜むサタン的なものを無視しては、精神疾患の回復があり得ないことに気づいたのである。

フロイトは、それをリビドー、つまり性的衝動であると断定したが、ユングは性的衝動だけに限定されない無意識の多重構造を明らかにしようとした。その代表が個人無意識と普遍無意識という考え方である。

前者は個人的経験から生まれた意識が抑圧や忘却によって無意識となったもので、後者は個人的経験に関係なく、人類共通のもので、遺伝によって引き継がれるとする。

ユングは精神病患者に絵を描かせたところ、仏教のマンダラと共通する円形や四角の左右対称形の図柄が多いのに驚いた。そこから彼は東洋思想の研究をはじめ、マンダラが道教でいうタオ（道）の中道性を図形的に示すものと考えた。

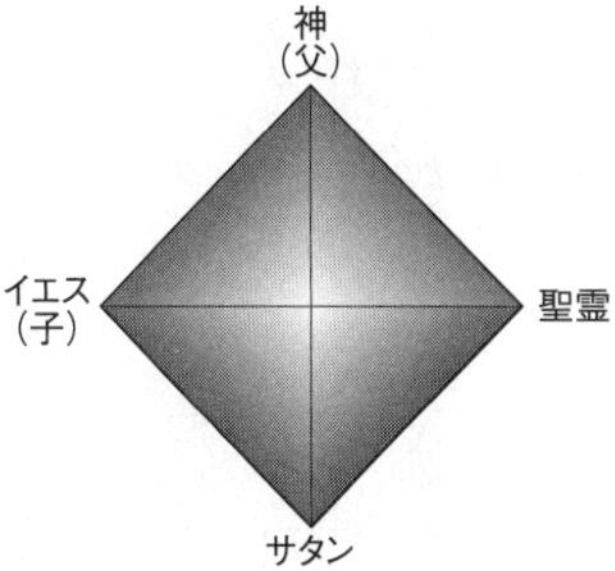

図3-2　四位一体説

「残念ながらわれわれの西洋精神は、この点に関する文化の乏しさの結果、諸対立を中道において合一するという、内的経験のこの基本的主要部分に対して、これまで概念すら見出すことができなかったし、まして中国語のタオと並べて恥かしくな

いような名前など全然存在しない。」（『ユング心理学』、二五〇頁）

ユングは東洋思想の刺激を受けて、いよいよ人間の心理構造の全体像というものを理解するようになったが、やがてキリスト教の神と子と聖霊という三位一体説を批判するようになった。神は完璧なる存在ではなく、完全なる存在である。とすれば、サタンをも排除することなく、キリスト教信仰の正位置に含み入れないことには、神の十全性が発揮されないことになる、と考えたわけである。

ユングの考えを発展させれば、異端や異教徒をあたかもサタンであるかのように弾圧し、迫害を加えてきたキリスト教の歴史の根源には、三位一体説という理論的根拠があったことに気づく。

そして近代において、そのサタンのイメージを被せられているのが、イスラム教徒、有色人種、難民、低所得者、同性愛者などの、社会的にマージナルな存在である。彼らへの偏見と差別が、どのような社会問題を引き起こしているかを、ここで言及するまでもない。

〈義〉ではなく、〈不義〉であるサタンを他者に投影するのではなく、まさに自己の中に存在することを明らかに自覚したとき、真の意味でキリスト教は〈愛〉の宗教として復活することになる。三位一体から四位一体へ、そのハードルを乗り越えられるかどうかは、ひとりキリスト教の問題ではなく、キリスト教精神が世界政治の背景にある以上、それは人類の未来を決定づけるほど重要な問題である。

阿弥陀如来の背景に広がる文明史

ユングの四位一体説を少し演繹してみれば、その中のサタンとは、一神教的コスモロジーが排除してきた多神教的コスモロジーであるとも理解できる。ということは、唯一絶対神を仰ぐ一神教文明が、みずからの内に包含する多神教的要素の存在価値を積極的に認めないかぎり、みずからが仰ぐ「神」の十全性をも拒否することになる。

じつは歴史的にも、一神教と多神教は水と油のように二分できるものではなく、つぶさに観察していけば、それぞれに反対要素が深く入り込んでいる。太古の時代から、人類は地球上を縦横無尽に往来しているのであり、一つの文化が完全に孤立していたというケースは、ほとんどないと考えてよい。

それが、いわゆる伝播主義の立場だが、日本の場合、「シルクロードの終着点」と言われる正倉院の御物を見ればわかるように、すでに八世紀において、中国、インド、イランのみならず、遠くはギリシア、ローマ、エジプトからも渡来したものがあった。

文物が到来しているということは、それを運んできた人間がいるのであり、その人間は自分が見たり聞いたりしたことを、必ず周囲の者に語る。そして、そこに異文化の種がまかれることになる。ちょうど、蝶々が花から花へ飛び交い、授粉して回るようなものである。

日本仏教に定着している大日如来信仰、曼荼羅《まんだら》、真言《しんごん》、護摩《ごま》、阿弥陀《あみだ》信仰、念仏、題目など、そのルーツを探れば、朝鮮や中国をはるか越えて、インド、ペルシア、メソポタミアまでたどり着くことになるだろう。そして、そこには一神教的コスモロジーが厳然として脈打っており、日本仏教も核心にそれを吸収してしまっているのである。

たとえば、阿弥陀如来のアミダの語源が、サンスクリット語のアムリタにあり、それは不老不死の薬とされたソーマを意味した。そのへんに無量寿仏（Amitāyus）とも呼ばれる阿弥陀如来とのつながりが伺える。

さらに、原始仏典の中で「光」の概念が登場するのは、紀元一世紀になってからであるが、ちょうどそのころ、イランからやって来たゾロアスター教が、イランから西北インドにおいて影響力をもちはじめていた。アフラ・マズダを信仰するゾロアスター教では、光と火が重要な位置を占める。そして有名なガンダーラの仏像などに見られるように、仏像に光背という丸い光の輪がつけられはじめたのも、阿弥陀如来に無量光仏（Amitābha）という呼称が使われだしたのも、同じころである。

日本人は念仏信仰といえば、法然上人や親鸞上人しか思い浮かべないが、その背景にはペルシアやイランの宗教につながる広大な文明史があることを知っておいたほうがよい。

じつはこれが、私がまだ博士課程の大学院生のころに書いた論文「無限の命と光——阿弥陀信仰の歴史的言語学的分析（Life and Light, the Infinite : A Historical and Philological Analysis of the Amida Cult）」の要点である。この論文が、アメリカで著名な中国仏教研究者であるヴィクター・メアー博士の目に止まり、彼が主宰する学術誌に載せられることになった。私にとって初めての英語による出版論文であり、今でも感慨深いものがある。

一神教の中に見る多神教性

再び本題に戻るが、一神教の中にも多神教的要素は数多く埋め込まれている。まずユダヤ教の聖典でもある旧約聖書には、けっして唯一絶対神とは思えない記述がいくつもある。

一つには、「神の使いたち」とか、「神々の子ら」という唯一神であるはずのヤハウェ以外の神々への言及が頻出することである。

雲の上で、誰が主（ヤハウェ）に並びえましょう。神々（エリーム）の子らの中で誰が主（ヤハウェ）に比べられましょう。（「詩篇」89：7）

絶対神とは何者とも比較できない存在であるはずなのに、このような表現には、明らかに論理的矛盾がある。また「創世記」の中では、神はなぜか自分のことを複数で呼んでいる。

人は我々の一人のように、善悪を知る者となった。（「創世記」3：22）

「我々」とは誰のことなのだろう。さらに驚くべきは、ヤハウェが無上の神ではなく、神の子の一人として、至高神からヤコブ（イスラエル）を分配されたという記述があることである。

いと高き神（エルヨーン）が国々に嗣業の土地を分け、人の子らを割りふられたとき、神の子らの数に従い、国々の境を設けられた。主（ヤハウェ）に割り当てられたのはその民、ヤコブが主に定められた嗣業。（「申命記」32：8－9）

これらの事実は、いったい何を意味するのであろうか。ユダヤ教徒は認めようとはしないだろうが、客観的に判断するかぎり、一神教の元祖ともいえるユダヤ教の淵源にも多神教的信仰があった可能性は少なくない。これら複数系の表現は、かつて中東全域に分散していた多民族の宗教文化が、長い時間をかけてアブラハム的宗教に統合されていった痕跡にほかならないのではなかろうか。

他者を取り込んで変容してゆく仏教

仏教とキリスト教のいちばん大きな違いといえば、それぞれが異文化・異宗教に出会ったときのリアクションの仕方ではなかろうか。仏教は融通無碍というか、妥協的というか、どこまでも土着の文化に合わせていこうとするのに比して、キリスト教はその思想性を高く掲げ、新領域をキリスト教色に染めようとする傾向がある。

まずインドに始まった仏教であるが、南伝して戒律重視の上座仏教になったものと、北伝して世俗化を特徴とする大乗仏教になったものがあるが、両者が同じ仏教と思えないほど、それぞれ地域文化に浸透していった結果、大きなコントラストを見せている。

仏教は、遭遇した他者を排除するのではなく、それをみずからの中に取り込み、場合によっては、他者の中にみずからが入り込んでしまう。大乗仏教の場合、チベットでは土着のボン教と融合し、死者の霊を重視するラマ教という独特の宗教に転じた。

中国や朝鮮では、道教や儒教とまざり合い、インド仏教にあった厭世観が消え、聖と俗の距離感がきわめて縮まることになった。出家せずとも、在家のまま悟りを開くことができるとする居士《こじ》仏教なども、中国ならではのことであった。また五山十刹制度など、本来、超俗的なはずの仏教寺院が世俗的権威によって格付けされるようになった。

その世俗化された仏教が、アニミズム的感情の強い日本人の手に渡ると、おおよそインド仏教では想像もされなかったような現世肯定的な宗教に変身させられてしまった。親鸞は、日本人にもっとも人気のある僧侶の一人といってよいが、彼は大胆にも肉食妻帯を実践し、悪人正機を説いた。思想史的に考えるのなら、それは大乗精神が、ほぼ極限に到達したことを意味した。ブッダが親鸞の思想を知ったら、まずそれが自分が始めた宗教の一部であるとは、認識できまい。

キリスト教が駆逐したケルト文化

仏教史のことはこのへんまでにしておいて、このへんからキリスト教が他宗教とどのようなかかわり方をしたのか、考えてみたい。レヴィ・ストロースは、「ヨーロッパのアニミズムは、キリスト教によって完膚《かんぷ》なきまでに駆逐されてしまった」と語ったが、たしかにキリスト教は、進出先で遭遇した他者を徹底的にねじ伏せ、排除しようとする傾向が強い。そのことは、アメリカ先住民に対するピューリタンの態度にも明らかであった。

ところで、ストロースのいうアニミズムとは、ケルト文化のことである。キリスト教がヨーロッパに広がるにつれ、アニミズムは偶像崇拝とされたのは事実だが、何千年と続いた先住民の精神遺産が完全に抹消されたわけではない。

日本の縄文人と多くの共通点をもつケルト人たちは、動植物を神聖視していただけでなく、神道と同じく職能神信仰をもち、豊穣の神、鍛冶の神、技芸と商業の神、治療の神、鹿の女神、熊の女神、温泉の神、川の神などを礼拝していた。

女神の多くは、ヨーロッパの民話で魔女として扱われるようになってしまったが、大地母神への信仰は、確実に聖母マリア信仰に変容していったといえる。

また自然信仰の一部が、南フランスのルルドの泉のように、聖泉信仰として残っている。完全にアニミズム的な感情を排したとしたら、毎年数百万人のクリスチャンが、そこに足を運ぶはずがない。

またキリスト教の洗礼の習慣も、ヒンズー教徒がガンジス川で沐浴するのと、心理的には大差がない。「マタイによる福音書」によれば、イエスに洗礼を施したバプテスモのヨハネは、らくだの皮衣を着、革の帯をしめ、いなごと野蜜を食物としていたと記されているが、アニミズム的要素が濃厚な人物である。

彼が多くの人を洗礼したとされるヨルダン川は、小魚が多く泳ぎ、豊かな緑に覆われた場所だが、さしずめ伊勢の五十鈴《いすず》川といった雰囲気を漂わせている。

そのヨルダン川の水源であるガリラヤ湖畔の町、カフェルナムに残る五世紀ごろの遺跡を訪れたときに発見したことだが、初期キリスト教会は、すべて朝陽が昇る方向に向けて建てられていたのである。そのころまでは、キリスト教には太陽信仰の要素が濃厚であったことが伺える。

それに、カトリックのミサで営まれるもっとも大切な儀式である聖体拝領は、けっして象徴的なものではないというのが、バチカン教会の公式見解である。つまり、パンをイエスの本物の肉として食べ、赤ワインを本物の血として飲む儀式なのである。これは、キリスト教以前に存在したカニバリズムの名残としか考えられない。

イエスが三日後に復活したという話も、もともと肉体の死は最終的なものではなく、必ず復活してくるという一種の輪廻転生説が、すでに古代ヨーロッパに存在しており、それを基盤として、神話化されたものと考えられる。

ケルト暦では一年は十三ヶ月とされるが、それぞれの生まれ月によって守護樹が定められていた。そこにあるのは、生命樹信仰であり、それがクリスマス・ツリーの習慣につながっていると思われる。ほかにも、イースター、感謝祭、ハローウィーンなど、現在、キリスト教国で営まれている祝祭の多くが、そのルーツをたどれば、ケルト文化に行き着くものが多いはずだ。

このようにキリスト教の中にも、多くの多神教的要素が存在し、一般に思われているほど一神教と多神教の区別は、はっきりとしたものではない。

イスラム教の中の多神教

イスラム教は、アブラハムに始まる宗教の中で、いちばん後に登場してきたために、一神教的性格をもっとも濃厚にもつといえるだろう。イスラム暦の十二月になると、毎年二百万人以上の巡礼者がメッカに集う。その光景を目撃すれば、一神教が強烈な人心把握能力をもつ宗教であることを思い知らされることになる。

しかし、そのようなイスラム教にも、多神教的要素が少なからず入り込んでいる。まず、そのメッカのカーバ神殿の核心部にある「神の館」と呼ばれる黒大理石そのものが、土着の多神教の祭壇であった。多神教を真に邪教視するのなら、同じ建物を自分たちがもっとも神聖視する神殿として利用するだろうか。

ふつうイスラム教徒がいちばん熱心に集まる場所といえば、当然のことながらモスクであると考えるかもしれない。私もあちこちのイスラム教国を訪問してきたが、信者の熱気がいちばん感じられるのは、モスクではなく、聖廟である。つまり、過去の聖者が埋葬されているお墓である。

原則論をいえば、アッラーしか礼拝してはいけないはずなのに、歴史上の人間をあたかも神であるかのごとく礼拝している。石棺に触れながら、家内安全、無病息災、商売繁盛など、日本人なら誰でも神社で願うようなことを祈っているのである。しかも、中には聖人廟の中で占いまでする者がいたりする。なぜここでするのかと尋ねてみると、聖人の霊力であるバラカ（baraka）のおかげで占いがよく当たるからという。これがムスリムかと耳を疑ったが、いずれも人間心理としてはさほど不思議なことではない。

聖者の霊力バラカにもとづく奇跡譚は、無数に存在する。その内容は、病気や怪我の治癒、農作物の保護、干ばつ時の慈雨、外敵駆逐、伝染病の阻止、水上歩行、空中浮揚、空間移動、透視、変身といったものである。やはり宗教の形態にかかわらず、人間の心は同じような願望を抱くのである。
　村で聖人視されるのは、学者、神秘家、氏族の始祖などらしいが、中には土着の樹木信仰や聖石信仰と結びついて、樹木や石となったと信じられている聖人もおり、ムスリムはその木株に触れたり、石を白く塗ったりする。聖木や聖石が礼拝の対象になっているわけであり、そうなってくると、アニミズムと区別がつかなくなってくる。

霊鬼的存在ジンへの信仰

　さらに驚くべきは、イスラム教以前からアラビア半島で信仰されていた霊鬼的存在であるジン信仰の存在である。そのことは、チュニジアの農村地帯でムスリムによる多様な習俗的信仰研究を続けている文化人類学者鷹木恵子の『北アフリカのイスラーム聖者信仰』に詳しく紹介されている。

　チュニジアの民衆のあいだでは、一般的にジンは専ら恐れの対象とみなされており、原因不明の病気や禍の源、あるいは不可解な現象の原因とみなされている。チュニジアでは、ジンは普通、複数形でジュヌーン（junūn）と呼ばれるが、セダダ村ではそうした語彙を口にすること自体も忌避され、「異界の人々 nās al-ukhrā」とか、「地下に住む人々 al-nās taḥta al-árḍ」と表現される。ジン信仰は、一般的にはジンの禍を阻止する厄払いの対抗儀礼やまたジンを慰撫する儀礼的所作などを通して、日常的に観察し得る。そのような最も一般的な儀礼的所作には、「アッラーの御名のもとに Bismillāh」と唱えることや、護符を身に付けること、料理の供物や香を焚くこと、また消極的な行為としては、ジンの怒りにふれるような語彙、「塩 milh」などの語の発話を避けることなどが挙げられる。(『北アフリカのイスラーム聖者信仰』、一七七頁)

この文章は、私にとって衝撃的なものである。なぜなら、これとまったく同じことが、タイを中心とする東南アジアにおけるピー(精霊)信仰にあてはまるからである。タイにおける習俗的信仰については、もう一人の人類学者である岩田慶治の『アニミズム時代』などに詳しいが、ピーもまた霊鬼的存在として、とくに山岳地帯のタイ人によって、恐れられている。

ことほどさように、一神教と多神教は相互に重なり合っている部分が多いのである。中でも一元論である一神教が、より柔軟性のある宗教へと変容していくことができるかどうかは、ここに列挙したいくつかの例のように、彼らが自分たちの伝統の中に埋没している多神教的要素を正面から直視し、それらを教義の中心部に位置づけができるかどうかにかかっている。

多神教から一神教的コスモロジーへの転換

日本という国が世界第二位の経済大国でありながら、もう一つ国際貢献ができていない理由の一つとして、明治維新以来、欧米の文化を取り入れることに忙しく、多神教的コスモロジーから一神教的コスモロジーの切り替えが、うまくいっていないという事実がある。

近代化というのは、西洋文化の背景にある一神教的コスモロジーを受け入れ、男性原理の社会システムを構築していくことであった。それは明治維新と同時に、天皇がそれまでの朝廷服を脱ぎ捨て、断髪洋装をして国民の前に登場したことからもわかる。

しかし、日本は表面的には男尊女卑の封建制度があったり、近代の男性優位主義があったりしても、その歴史に一貫しているのは、母性原理を主軸とした基層文化である。その出発点は、母性原理のもっともリアルなシンボリズムである土偶に代表される縄文文化であり、それは一万三千年前に始まっていた。

そのような国が性急に欧米先進国の仲間入りをしようとしたものだから、アイデンティティ・クライシスに陥ったのも無理のないことかもしれない。しかし、明治維新から百四十年、太平洋戦争から六十年経った現在、日本は自分の軸足をしっかりと定めないといけない。

最初に、日本に一神教的コスモロジーがもち込まれたのは、十六世紀半ばにフランシスコ・ザビエルがスペインからやって来たときである。彼は日本人が貧困も恥としないプライドをもつことに感銘し、「今まで出会った異教徒の中でもっとも優れた国民」と絶賛したと伝えられているが、一時的にキリスト教徒となる日本人がいたものの、結局、たいして広まらなかった。

世界宣教のために軍隊に似た組織をもっていたイエズス会ですら、日本の厚い壁を切り崩せなかったのは、なぜだろうか。

それは、縄文時代以来、継承されてきた日本民族のアニミズム的な宗教感情が、相当しっかりと日本の国土に根を下ろしていたからである。八百万《やおよろず》の神々を拝んできた日本人の心には、一神教的なコスモロジーを受け入れる余地がほとんどなかったといえる。

キリスト教受容の風土としての儒教

その点、お隣の韓国では国民のおおよそ半分が、クリスチャンになっている。ソウルの繁華街・明洞に行けば、毎日のようにプラカードをもったクリスチャンが拡声器を使って、非クリスチャン系市民に回心《かいしん》を呼びかけている光景を目の当たりにすることができる。似たような光景は新宿あたりでも見受けるが、日本のクリスチャン人口は一パーセント前後を動かない。

同じ極東に位置し、歴史的にはともに中国文明の恩恵を蒙り、類似した民族性と文化をもちながら、これは不思議といえば不思議な現象である。

韓国でもっとも濃厚な宗教文化といえば、儒教であった。半ばキリスト教化した今日の韓国でも、儒教文化は韓国民の日常生活に浸透している。韓国の留学生から、「父が帰宅するときは、必ず玄関に迎えに出ます」と聞いて、羨《うらや》ましく思ったことがある。

そのように儒教の理想は、秩序ある父系性社会であるために、父なる神のイメージを受け入れやすかったのかもしれない。さらに儒教は「天」の思想をもつため、その一神教的傾向がキリスト教の教義を深いレベルで受け入れる素地を作ったのではないだろうか。

それに加えて、異民族の干渉を受けつづけてきた歴史的背景が、韓国国民をして、神の国における救済という信仰に共感を覚えさせたと思われる。

日本にも儒教は早くから入り込んでいるが、長幼の序など社会制度作りの規範となっただけで、「天」の思想が人心を占めた形跡はない。それよりも圧倒的に強かったのは、山、海、樹木、岩などに神性を認めるアニミズム的宗教感情である。おまけに異民族の支配下に置かれたことのない日本人は、現実への悲壮感が少なく、現世利益的な信仰で満足したという面もある。

日本文化の通奏低音としてのアニミズム

アニミズムとは、いわば自然への〈愛〉の感情であるから、聖書に説かれているような人間中心主義の〈愛〉に、日本人は深く共鳴し得なかったのである。だから、たとえ江戸幕府があそこまで厳しい弾圧を加えなくても、キリスト教はわが国に定着することはできなかっただろう。

そのことは今日でも変わらず、無信心な現代日本人も、建物を新築するときは地鎮祭、棟上げするときは上棟式、新車を買ったなら安全祈禱を欠かさない。宗教に無関心であっても、それをやらないことには、不安であるというのは、そのようなアニミズム的感情が日本人の深層意識に浸透していることを意味している。

私は自然環境へのゴミの不法投棄こそが、現代日本人の霊性の衰えをもっとも端的に示すものであると考えているが、それでも付近に鳥居やお地蔵さんを備えつけると不法投棄が減るというのは、日本人の心情に宗教と自然を結びつける何かが残っている証といえる。

自分の生活を支えてくれている土地にも、家にも、機械に対しても〈愛〉を抱けるというのは、素晴らしいことである。針供養や包丁供養のように自分の使う道具に対しても宗教儀礼を営む民族は珍しい。

そのように日本は明治維新以降、欧米文化を範として発展してきたが、表層文化においてどれだけ西洋を真似ようとも、多神教的コスモロジーが通奏低音となっている事実は、否定しようがない。

アニミズム・ルネッサンスの提唱者である安田喜憲は、環境考古学という新たなジャンルの学問分野から、そのことを見事に直観している。

愛と慈悲の広さは、自然と人間が共存する上において核心を成す事柄である。愛の範囲の狭い儒教に立脚した中国人が、自然への愛を感じるまでには、遠い道のりが必要である。人間中心の愛を説くキリスト教の世界においても、自然への愛と慈悲が必要とされるまでには時間が必要だった。ところが、もっとも広く大きい愛と慈悲の心を育んできたのが、ほかならぬ日本人なのである。私たちは自信と誇りを持って、このアニミズムの心を世界に広める「全球アニミズム化運動」を展開し、愛と慈悲で満ち溢れた未来の構築を目指すべきだろう。（『一神教の闇』、二〇二頁）

日本は二十世紀初頭、アジアの国々に対して、欧米列強の植民地主義を打ち負かすことができることを最初に示した国だが、今度は二十一世紀初頭において、多神教的コスモロジーを機軸とした新しい文明を作り得るということを、アジア・アフリカの国々に範を示すべきだ。日本国民が自分の国の文化に自信をもつことは、そういう文明史的な意味があるのである。

袋小路に陥った近代文明の超克

近代文明においては、主軸となっている一神教的コスモロジーと、おもにアジア・アフリカ地域の文化を形成している多神教的コスモロジーの間に、不自然なアンバランスが生じてしまっている。文明のかたちを変えるには、まずこのことを改めなくてはならない。

自然を人間文化から引き離し、資源として活用する世界観から、自然の流れの中に人間文化を内在化させ、自然と人間の共存を目指す世界観へと移行していくことが、緊急課題となっている。もはやこれ以上の人間中心主義を横行させることは、逆説的ではあるが、人間社会にとっていちばん危険なことである。

人類が生き延びていくための新しい文明のパラダイムが、どこに隠されているかといえば、地球上で近代文明の影響が最小限に食い止められているところである。

それは、素っ裸のインディオが世界一民主的に暮らすアマゾン、アボリジニが「ドリーミング」という不思議なデザインを描くオーストラリアの砂漠、イヌイットがアザラシを追いかける北極圏であったりする。

彼らは剝《む》き出しの自然にさらされて生きているため、自然のシグナルを正しくキャッチしなければ、死活問題となる。共同体での不信感や、現実から遊離した抽象的議論なども、自分たちのサバイバルに大きな危機をもたらすことになる。野生動物のような鋭い身体感覚、大自然への謙虚さ、多くを求めない人生哲学などが、先住民のもつ感覚的叡智の中味である。

もっとも、先住民が継承してきた多神教文化にも弱点があることを認識しておかなくてはならない。その一つが迷信深さである。たとえば、台湾に多くの少数民族が存在するが、一部族を除いて、そのすべてが近代まで首狩り族であった。殺した人間の霊が自分と自分の先祖の守護霊になるという信仰が存在したからである。

そのような迷信深さのゆえに、近代人は肌の色が自分たちよりも黒く、生活も未開な先住民に対して、抑圧と搾取の歴史を繰り返してきたともいえる。たしかに彼らの民俗信仰には不合理な要素があったのは事実だが、その核心に何があるかを知ろうとしなかったのは、近代人の粗忽《そこつ》だった。

それらの先住民を駆逐することによって、土地や資源を手に入れることができたと思い込んでいるが、じつは失ったもののほうがはるかに大きい。なぜなら、彼らが世々代々、脈々と継承してきた貴重な精神遺産をも破壊してしまったからである。

日本が江戸幕府以来、アイヌ民族を弾圧せず、彼らの尊厳を認め、近代化のプロセスにそのアニミズム的な文化をもっと積極的に取り入れていたなら、現在、われわれが目にしているような国土の乱開発や公害問題は起きなかっただろう。

拙著『縄文からアイヌへ』（せりか書房）において、私が訴えたのもアイヌ文化の本質にある感覚的叡智が未来学的な意味をもつという事実であった。それはアイヌ民族とか北海道という地域性を超えて、人類社会に普遍的な貢献をなし得るものでもある。

先住民文化に学ぶサバイバルの知恵

しかしここにいたって、一神教的コスモロジーを機軸とした文明形態の行き詰まりが明らかになったのであるから、今からでも先住民文化を再評価し、そこからサバイバルのための知恵を能《あた》うかぎり吸収していかなくてはならない。

ところで、先住民がどこからそのような知恵を手に入れたかといえば、大自然と共存する動物たちである。彼らは獲物でもある動物の行動形態を注意深く観察し、厳しい自然環境にどのように順応していけばよいのか、学びとったのである。

神観念のもっとも原初的なものの一つは、動物崇拝にあったとされる。スペイン北部のアルタミラやフランス南部のラスコーの洞窟画に、威厳に満ちた野牛が描かれているのも、そのためである。いわゆるトーテミズムというのも、各部族が神聖視する動物のことであるが、人間は、より多くの学習材料を提供してくれた特定の動物に特殊な感情を抱きはじめたのである。

エジプトのピラミッドの中にも、頭が動物、体が人間の絵が非常に多く、しかも丹念に描かれている。古代エジプト人たちも、人間より優れた知恵をもつ動物を神と仰いでいたのは疑いない。

それにしても二十一世紀になって、人類が近代文明存続のために、超越的一神教の立場を拘泥《こうでい》することを止め、先住民文化から動物の生態まで、今まであえて無視しようとしてきたものの価値を再評価する必要に迫られているのは、不思議な話である。人類の進化論も、みずからの尻尾を咬《か》むウロボロスのように、原点に回帰することになるらしい。

そういう意味で縄文時代以来、日本文化に定着している多神教的コスモロジーの性格を、われわれは文明史的なスケールで理解し直し、その存在意義を一神教的文化圏に向けて、もっと積極的に発信していく責任がある。

誤解のないように言明しておきたいのだが、私は多神教的コスモロジーが一神教的コスモロジーよりも優れているとか、前者が台頭し、後者が衰退していけばよいという単純な主張をしているわけではない。

どちらも人類の進化にとって必要とされた世界観なのである。それぞれのコスモロジーのおかげで、じつに多彩な民族文化が地球上に誕生することになった。おかげで人類社会は、色彩豊かな民族文化を地球上に織り成すようになったのである。グローバリズムなどのあまりにも浅薄な思考によって、それらを破壊させるようなことがあってはならない。

そのためにも一つの価値観を否定して、もう一つの価値観を支配的なものにするのではなく、二つの価値観を止揚し、それまでに存在しなかった第三の価値観を創造していくところに、人類の希望があるのであり、そこに平和共存への道も開かれるということを強調しておきたい。

これからは小さな国が大きな役割を果たす

おもしろいことに、宗教よりもサイエンスのほうが、世界を動かしているコスモロジーの変化を敏感に感じ取り、非線形科学、カオス理論、複雑系、ファジイなど、従来の科学の領域を積極的に破る理論や発想を生み出している。

理論物理学者のスティーヴン・ホーキングも、一般相対性理論と量子力学を結びつけた量子重力論の立場から、「宇宙のすべてをいっぺんに説明する完全な統一理論を作り出すのは非常に困難」(『ホーキング、宇宙のすべてを語る』)といっている。これは、一つの原理で世界を説明しようとする一神教的発想に限界があるということである。

たとえば、複雑系には「世界は複雑化すると新しい性質を獲得する」という基本的な考え方があるが、複雑化するグローバル社会に、その考えを応用するのなら、ハンチントンのいう「文明の衝突」にも、別な見方があることに気づく。

なぜなら、「文明の衝突」は必ずしも破壊的なものである必要はなく、衝突を経て「文明の融合」が実現する可能性もある。その理由を説明するためには迂遠《うえん》なようだが、まず原子力の話をしなくてはならない。

原子力を手に入れるには、核分裂と核融合という二種類の核反応がある。前者の核分裂だと高レベルの放射性核廃棄物を生み出し、地球環境に重大な危険性をもたらすが、後者だとそのような心配はいらない。

太陽を含めて宇宙に輝く恒星は、水素やヘリウムなどの核融合エネルギーで光を放っているが、核融合はそれと同じ原理である。これが実用化されれば、われわれは放射能問題から解放されることになる。

核分裂反応では中性子で刺激を与えることによって、ウランやプルトニウムのような重い原子が分裂し、そのときエネルギーが発生する。その熱で水を沸騰させ、その水蒸気でタービンを回すのが、現在の原子力発電である。そのときエネルギーが拡大しつづけるために、コントロールが利かなくなる危険性がある。

現在の原子力発電は、われわれの快適な生活を支えてくれているわけだが、どれだけ安全対策をとったとしても、そこには綱渡り的危なっかしさがある。

それとは対照的に、核融合では水素、三重水素、ヘリウムなどの軽い元素の中の原子核同士が引力によって引き合い、それが静電気的反発力に打ち勝ち、融合しあって、新しい原子核を生み出す。このときにエネルギーが発生する。

重水素は海水に含まれているため、その資源は無尽蔵である。海水一リットル中の重水素を反応させることができれば、石油七六リットル分のエネルギーを得ることができる。こうなれば、枯渇が危ぶまれている石油に依存しなくてもよくなり、現在のように世界政治を裏から動かしている石油争奪戦も、その意味を失う。

核融合でも原子炉の炉心は、一億度とされるほどの高温であるが、その燃料は一グラム程度で、エネルギー密度が低いため、それが暴走することはない。また核分裂のように、放射性物質が蓄積することもない。

軽い元素同士が衝突し、融合することによって、莫大なエネルギーが生じるという核融合反応の話から、一つの文明論的ヒントを得ることができる。ポリティカル・サイエンスという言葉があるように、政治にも科学的法則が有効であるとするのなら、これからの世界政治を変えていくのは、超大国ではなく、むしろ中小国ではないかということである。

重い元素としての大国は、建前では友好と平和を唱えていても、その本音のところは、覇権主義で動いている。現代世界でいえば、アメリカ、ロシア、中国などに、その傾向が伺える。覇権主義は、一神教的コスモロジーに特有のものなのかもしれない。

そのような大国同士が理性的な外交関係を維持しているうちは、世界の平和が保たれるが、イデオロギー・領土・経済的利害関係など、なんらかの「中性子」的要素が原因となって、いつ友好関係が分裂するかわからない。そのときに生じる否定的エネルギーが、大規模戦争につながっていく危険性は、けっして低くない。

反対に、超大国ではない中小規模の国同士が、文化的な違いなどで反目しあっていても、政治的あるいは経済的理由で引き合う力も強く、結局、融合することによって、新たに多元的文明の形態を生み出し得るのである。

そのようなシナリオは、イスラエルとパレスチナ、インドとパキスタン、日本と韓国などの間で起こり得る。もちろん、そのことは必ずしも、二つの国が一つの国に併合されていくことを意味しない。対立ではなく、共存を基盤としたシステムを共有するだけで、「文明の融合」であり得る。

したがって、「文明の衝突」は「文明の融合」が起きるためのプロセスであると考えることもできるが、真に恐ろしいのは「文明の衝突」が、否定的に「文明の分裂」へと退行していくケースである。

「文明の分裂」が招く人類の危機

「文明の分裂」として懸念される事例がいくつか考えられる。まず、同じ宗教文化を共有するイスラム国同士の間での分裂である。ふつうならイスラム教共同体を形成するイスラム諸国の間には、経済格差や政治形態の違いを超えるほどの連帯感が存在している。

かつてイランとイラクも熾烈な戦争を十年近く続けたが、これからもアメリカに協力的なエジプト、トルコ、サウジアラビア、クウェートなどのイスラム諸国と、あくまでアメリカに対抗しようとするイラン、シリア、イラクやアフガニスタンに分散するアルカイダなどの間で、深刻な分裂が起きる可能性がある。イラクのスンニー派とシーア派のように、国内で一つの宗教が分裂し、殺し合いが続いているところもある。

中国と台湾も現在はかろうじて安定を維持しているが、もし偉大な中国文明を共有する両国が、台湾の独立問題をめぐって決定的な分裂状態に陥れば、たいへんなことになるだろう。それは、アメリカ、ロシア、韓国、北朝鮮、そして間違いなく日本をも引き込んでの大規模戦争の引き金になりかねない。

いちばん重大な「文明の分裂」は、一神教的文明を共有する国同士の分裂である。これはある意味で、すでに起きてしまっているといえる。ユダヤ教徒とイスラム教徒の反目は、パレスチナ問題を見れば、すぐにわかる。エルサレムにはユダヤ人居住区とパレスチナ自治区の間に、長大な分離壁が建てられつつあるが、まるで「文明の分裂」を絵に描いたような出来事である。

キリスト教徒とイスラム教徒の間の分裂は、中世の十字軍以来、間断なく続いているが、とくに現代ではアメリカのネオコン対中東地域のイスラム過激派という形式で激しさを増している。

ユダヤ教とキリスト教の分裂は、イエスを裏切ったのがユダという聖書の物語以来、古典的である。すでに言及したように、『ユダの福音書』というその存在が謎に包まれていた文書が発見され、解読されることによって、ユダ裏切り説がくつがえされる可能性がでてきたが、大多数のクリスチャンは歴史的な聖書解釈を否定するような新説は一蹴するにちがいない。ドイツのネオナチのように執拗に反シオニズムを唱えている集団も存在する。

一神教的文明社会で、どうにか大規模な戦争を回避できているのは、アメリカとイスラエルが手を結んでいるからともいえる。アメリカはユダヤ資本を絶対不可欠としているし、イスラエルはアメリカの軍事力と、そこから輸入される最新兵器を必要としている。皮肉ないい方をすれば、ネオコンの存在が一触即発の中東和平に貢献しているのである。

しかし、もしこれがアメリカとイスラエルのどちらか一方が、相手に対して深刻な不信感を抱きはじめるようなことがあれば、ユダヤ教徒、キリスト教徒、イスラム教徒の間に保たれている力関係のバランスが壊れ、一神教的文明を共有する者同士の熾烈な戦いを引き起こすことになるだろう。それはけっしてあり得ない話ではない。石油が枯渇するような状況が出来し、その最終段階における利権確保のために、アメリカが湾岸諸国との関係を優先しはじめるようなことがあれば、孤立感を深めたイスラエルが、今以上に強硬な軍事政策を取り得る。

そういう深刻な状況に陥る前に、人類は文明の基軸を〈力〉から〈愛〉に転換しなくてはならない。そんなのは机上の空論であるとして、何もしないことがいちばん危険な選択ではなかろうか。そのためにも、アメリカとも中東諸国とも友好関係にあり、文化的には多神教的コスモロジーを基盤とする日本が、積極的に音頭をとって、小さな国同士の連帯感を深めていく必要がある。いつまでも大国の顔色を見、その後塵《こうじん》を拝している場合ではない。

国家がある種の緊張感と使命感をもって、国際社会で平和貢献していないかぎり、国内的にも国民の「民度」が高まるということは、あり得ない。そういう意味でも、日本は受動的な外交姿勢から脱却すべきだ。

仏教における暴力性

社会心理学者、岸田秀が、「はっきり言えば、一神教が人類の諸悪の根源なんで、ユダヤ教もキリスト教もイスラム教も、一神教がすべて消滅すればいいんですけれどね」と『アメリカの正義病・イスラムの原理病』の中で語っているが、消滅すればいいのは、必ずしも一神教のみだけとはいえまい。

欧米では仏教には原理主義的傾向が比較的弱いため、ノン・ドグマチック宗教と呼ばれたりするが、その歴史を振り返ってみれば、仏教もそれほど平和的宗教でもないことは明らかである。

日本の平安時代では、権門寺院と呼ばれる南都北嶺《なんとほくれい》の寺院が互いに僧兵を送り込み、武力闘争を繰り返していた。権力をほしいままにしていた白河法皇でさえ、意のままにならぬものとして、「賀茂川の水、双六の賽、山法師」と嘆いたぐらい、僧兵による武力闘争は頻発していたのである。

僧兵が争ったのは教義の違いではなく、おおよそ荘園の所有権をめぐる権力闘争であったが、何はともあれ、非暴力を標榜する仏教精神に反することであった。

また江戸時代、仏教僧は幕府と一体となって、隠れキリシタンを冷酷なまでに弾圧し、宗教的寛容の片鱗も見せなかった。キリスト教に日本を乗っ取られるという不安があったのだろうが、それを融合的に受け入れておれば、今とは異なる日本人の自我確立に貢献する仏教になっていたかもしれない。

　第二次世界大戦も、仏教界はこぞって軍部に歩調を合わせ、全体主義の高揚におおいに貢献した。日本の政治が昭和初期に見せた狂気に対して、警告を発する仏教勢力があれば、国内外の無辜の生命がもう少し守れただろう。世俗に背中を見せた原始仏教とは異なり、日本仏教は権力者に媚《こ》びる傾向がその歴史から伺えるので要注意である。

　ダライラマは今や世界の寵児となっているが、もともとチベット仏教には熾烈な宗派間の対立があった。中国がチベットに侵攻したのも、そのスキを突いたという一面もある。スリランカやミャンマーでも、仏教徒は武力抗争の前線に立ってきた。これらの事実からも、仏教を必ずしも「非暴力の宗教」とは呼び得ないことがわかる。

平和を妨げる宗教

　宗教と名のつくほどのものなら、その長い歴史を通じて、とんでもない愚かな過ちを少なからず犯しているものだ。それらをつぶさに記録していけば、それぞれの宗教が聖典と崇めている大切な書物よりも、数倍の分厚さのものが書けるのではなかろうか。

　どの宗教も、みずからの栄光の歴史を語りたがるが、それを鵜呑みにできるかどうかで、信者と非信者の区別がつくといってもよい。栄光が輝かしく語られるのと同じだけ、あるいはそれ以上の暗黒部分がカーテンの後ろに押し込められていると考えてよい。

いずれの宗教も、信者獲得のために、みずからが真理にいちばん近い教えを説いていると主張することが基本姿勢となっており、そこから「他者排除の論理」が生まれてくるのは避けがたいものがある。

だから私は、教団の歴史というものがあまり好きではない。宗教教団といっても、ときには世俗社会以上に、人間の権力欲とか虚栄心とかが激しくうごめいているものだ。日本の仏教寺院の大本山に行っても、そのような俗臭をかがずに機嫌よく帰って来られたら、その人は幸運な人である。

だからこそ、私は『〈狂い〉と信仰』（PHP新書）や『前衛仏教論』（ちくま新書）などの著書を通じて、宗教無用論めいた主張をしたのである。それらの本を読まれた読者の一部には、私が宗教を否定していると早合点された方がいるようだが、それは完全なる誤解である。

私の主張は、組織としての宗教に依存することによって、真の意味での〈個〉の尊厳を見失ってはならないということに尽きる。私がいう〈個〉の尊厳とは、仏教でいう仏性であり、キリスト教でいう聖霊のことであるが、その自覚に到る道は、何者にも寄りかかることのできない孤独な道なのである。

そして、そのような考えをもった人たちは、キリスト教内部にもいた。それは誰かといえば、三〜四世紀の地中海地方に流行したグノーシス主義者たちである。彼らによれば、この汚辱に満ちた物質的世界を造ったのは、「悪の造物主」デミウルゴスであり、旧約聖書の神ヤハウェの正体がそれだとする。人間が罪深いのも、悪神デミウルゴスによって肉体を創造されたからである。

その否定的な世界観のため、「反宇宙的二元論者」とも呼ばれたグノーシス主義者は、当然のことながら異端として迫害にあい、歴史から消え去った。

しかし彼らは、たんにニヒルな世界観をもっていたのではなく、デミウルゴスが人間の肉体の中に、汚れなき「霊的な種子」をこっそりと埋め込んだため、「霊的認識（グノーシス）」により、人間は光の存在である至高神と一体となることができると考えていた。

そういうことが、二十世紀になって発見された『ナグ・ハマディ写本』や『死海文書』などによって明らかになってきたのだが、二元論者ではない私も、人間に「霊的な種子」が埋め込まれているという点においては、グノーシス主義におおいに共感を覚える。

今こそ宗教を捨てよう

しかし、グノーシス的な宗教観を私が最終的なものと見ているわけではなく、さらに一歩踏み込んだ発言をすれば、人類社会から一神教と多神教の双方が消え去ることが理想である。なぜなら拙著『なぜ宗教は平和を妨げるのか』で述べたように、皮肉にも宗教こそが、人類社会の平和を妨げる元凶となっているからである。

神仏を語れば語るほど、人間同士が仲たがいをし、地球生命を痛めつけるのでは、宗教が存在する意味がない。せっかく体内に埋め込まれた「霊的な種子」も、それでは芽吹きようがない。宗教が人間の欲望に対する解毒剤ではなく、人間の心を麻痺させる猛毒になっている面がある。

私のような考えはけっして目新しいものではなく、『老子道徳経』にも次のように記されている。

大道廃《すた》れて仁義有り、
知慧出でて大偽有り。
六親和せずして孝慈有り、
国家昏乱して忠臣有り。

倫理がもっともらしく語られるとき、社会に偽善が横行する。人の発言に真実がないから、建前でごまかそうとする。家庭円満で学校が楽しい学び舎になっているなら、教育基本法の改正など思いつくことすらない。国家に指針がないときに限って、政治家が愛国心を語りたがる。

現代訳すれば、そういうことになる。だから私は、ブッシュ大統領が「正義だ、正義だ」といいはじめたとき、イラク戦争が近いと思った。それからまもなく、自分も参加していた中東の国際会議で「アッラーは偉大なり」とイスラム聖職者たちが絶叫しはじめたとき、彼らがひどいアメリカ・コンプレックスに陥っていることを知った。

人間の力を超えた偉大なるもの（something great）に対して、全身が震えるほどの敬虔な気持ちさえあれば、神仏を語る必要なんかないのである。お寺や教会に行かなければ、神仏に会えないと考えるのは、酸素ボンベにしか酸素がないと思い込むようなものである。

空から降り注ぐ太陽の光を、お寺や教会の屋根で塞《ふさ》ぐことはない。温かい母親の懐に抱かれる赤子のように、地球は太陽の光と熱に包まれて、今日も粛々と回転している。その単純な事実を素直に理解するだけで、人間は今より数倍賢くなるだろう。

無神論者はともかく、一般的に宗教は人間の幸福と魂の救済のために、人類社会に不可欠なものと受け止められている。それがなければ、人倫が乱れ、人生の荒波に呑まれて、人は絶望に陥る。しかし、ほんとうにそうなのだろうか。

江戸時代、人の移動には籠《かご》が欠かせなかったが、今はそれが使われているのは、映画の中だけである。現代のわれわれに欠かせないのは、立派なエンジンがついた自動車である。しかも、そのエンジンたるや、日進月歩である。

それと同じことが、精神文化についてもいえる。われわれは、いつまで籠のような宗教が必要だと思い込むつもりなのだろうか。いってみれば、われわれが大切にしている宗教は、霊的に幼い人類に与えられた歩行器のようなものである。人類が自分の足、つまり自分の判断力でしっかりと歩けるようになれば、宗教という歩行器はお蔵入りになる。

あるいは骨折が治れば、松葉杖やギプスが不要となるように、人類の心の病が癒されれば、宗教という松葉杖やギプスを外してもよいのである。骨折が癒えた後も、要りもしない松葉杖やギプスをつけていれば、足のトラブルは死ぬまで続くことになる。

自分の外なるものに依存しない

では、次世代の宗教とは、どういうものか。それはまず、人類の精神的自立を抑圧するのではなく、それを促進するものでなくてはならない。またそれは、地域文化の歴史や民族性を超える普遍性をもつ宗教であるべきだ。

とすると新しい宗教は、必ずや既存の宗教とはまったく異質な形態をもつことになる。そこでは、もはや人間の妄想が構築した「神」の幻影を崇拝することもなければ、その「神」の解釈をめぐって、いい争うこともなくなっているだろう。もちろん、一神教・多神教の区別などは、まったく無効となる。

そのとき初めて、人類は無神教という教義も戒律も儀礼もない、世界宗教を共有することになる。無神教は、宗教が自己否定という洗礼を受けた後に復活してくる真の意味での宗教である。

ルター派の牧師の息子であったニーチェ（一八四四―一九〇〇）は「神は死んだ」と主張したばかりにニヒリズムに陥り、発狂死してしまったが、無神教の立場に立てば、「神の出番が無くなった」といえるのが理想である。

ここで念を押しておきたいのだが、無神教とは無神論のことではない。無神論は共産主義のように、神の存在を否定する思想であるが、私がいう無神教は、神仏の姿が消えてしまって、われわれの体内に入り込んでくることである。それは神仏を礼拝したり、論じたりすることもなく、神仏とともに生きていく生き方のことでもある。

世界平和というのは、人類がそこまで行き着かないことには実現しない。こういうことをいえば、目くじらを立てる人がたくさんいるのを覚悟でいうが、人類が世界平和という家を建てようとしても、わざと間違った寸法の建材をあれこれ持ち込んで、それが建てられないようにしているのが、宗教である。

神の名前、経典やそこに記されている教義、それぞれの伝統が作った儀礼や規則、そんなものにこだわっているかぎり、内面の平和に目覚められるはずがない。

あっちの宗教では豚肉を食べてはならないといえば、こちらの宗教では牛肉を食べてはならないという。いや、どちらも間違っているのであり、菜食でなければいけない。

といった調子で、人間が勝手に決めた掟《おきて》の違いで、喧嘩をする。神さまが横で聞いていれば、呆れてものがいえないのではなかろうか。何を食べていようが、おいしく味わい、そのことを心から感謝している人間を神さまは祝福するはずである。

あれをやるな、これをやれと、いろいろと注文をつけてくるような神なら、早々に縁を切ったほうがよいというのが、無神教の立場である。自分の生き方は自分で判断するのが、人間の尊厳ではなかったのか。

無神教の段階にいたるためには、自分の外側に依存すべき存在を認めないというわけだから、自己がよほどしっかりと確立していなければならない。

それはある意味で、既存の宗教が要求する戒律や苦行よりも、よほど難しいことである。肉食妻帯をしないで、菜食を守り、独身でいれば、悟れるというわけでもなく、あるいは坐禅をしたり、滝に打たれたりしたら、無神教がわかるというわけにもいかない。

それは純粋に個人の意識内の出来事であり、「霊的認識（グノーシス）」によって、内面的な霊性が高まるしかない。霊性などというと、霊感のことかと思われる人がいるかもしれないが、霊性と霊感は似て非なるものである。

霊感は、いわゆる超能力と呼ばれるものであるが、それがあるからといって、その人が高い霊性をもっているわけではない。むしろ、その反対のケースが多い。人間として生きていく上で、肉体にそなわる五感と、第六感としての直観があれば十分である。その能力内で、いろいろと間違いを犯したり、失敗したりして、人間の魂は成長していく。

もちろんイエスや仏陀などのように、霊性が高まった結果、副次的に霊感が出てくる場合がある。そうすると人を導く上で役立つことがあるが、それは望んで手に入るものではない。

ともかく無神教に目覚めることは、ロープなしで山に登ったり、重りなしで海に潜るようなもので、けっして簡単なことではない。しかし、どれだけ時間がかかろうとも、人類の精神史において、有神の宗教が無神教へと変容していくのは、必然的で動かしがたいものであると思えてならない。

華厳経のエッセンス「四種法界」

二十一世紀という時代になって、私がようやく気づくことになった無神教的コスモロジーを、早くも七世紀に理論的に体系づけた人たちがいた。それは、仏典の中でももっとも難解とされる華厳経を「四種法界」という簡潔な理論に集約してしまった中国唐代の法蔵や澄観といった華厳の思想家たちである。

宇宙哲学ともいえる華厳思想の核心は、「一即多、多即一」という世界観にあるとされるが、「四種法界」はそのような自覚にいたるまでの、人間の認識の段階を示している。その「四種法界」とは、以下のようなものである。

① 事法界　現象の世界：人は人、花は花。すべてが見た通りであり、そこになんら抽象的な理念を差し挟む余地はない。哲学など無用のものであり、日常生活以外のものに関心をもつことはない。

② 理法界　真理の世界：泡沫のように有為転変の激しい現象に存在価値を見出すことはなく、一切の形状や言語表現を超絶している普遍的真理のみを追求する。その結果、理性や知性を高く評価することになる。

③ 理事無礙法界　現象と真理の調和的世界：具体的事物と普遍的真理がじつは相反するものではなく、両者が同時に成立していることを自覚する。一面的価値観に偏ることなく、バランスのとれた世界認識が実現してくる。

④ 事々無礙法界　個々の現象が融合した世界：もはや普遍的真理を追求することもなく、個々の現象が宇宙の十全なる真理を具現したものであることを体験的に理解する。真理と事実の間に隙間がなく、刻々を楽しむ究極的境地に到達したことになる。

「四種法界」は、この世の出来事がすべて完全な関係性の世界で成り立っているという、重々無尽の縁起の法を解き明かそうとしているともいえる。しかし、ここでは原義から少し離れて、「四種法界」を宗教の分類に応用してみたい。

宗教の発展史

一つ目の事法界は、抽象的理念よりも、具体的な事実を重視する多神教的コスモロジーのことである。形而上学的な世界には無関心であり、目に見える現象世界にこそ、神々を見ようとする。自然現象が神聖視され、八百万の神々を仰ぐ神道のようなアニミズムを中心とした民族宗教が生まれてくることになる。

日本人が各論にうるさく、総論を苦手とするのは、局所的な事象に目を奪われて、そこから普遍的概念を抽出し、それを体系的な理論に組み込んでいく能力に乏しいためだが、それも日本人が事法界的な心理構造をもっているからだ。

そのことには、日本という島国に暮らすわれわれが、異文化、異宗教をもつ他民族を説得する必要を体験しなかったという歴史的背景も影響している。ただし、それは今までの話であり、これからもそうかというと、そうはいかない。グローバル化した現代世界で、日本だけが浦島太郎的国家ではあり得ない。

二つ目の理法界は、まさに世界の中心に絶対神という普遍的真理が存在するという一神教的コスモロジーのことである。創造主としての神が世界を支配し、それ以外の実在はない。

この理法界では、文字通り理念が重視されるわけだから、論理的思考にもとづく哲学思想が発達することになる。すでに先述したように、科学や産業も一神教的コスモロジーが生み出した産物である。

三つ目の理事無礙法界は、理念と事実がともに重視される倫理的世界のことである。善悪の判断基準となる道徳律が「理」とすれば、それを実践する日常空間が「事」である。儒教は宗教か道徳かという議論がよくあるが、それはまさしく理事無礙法界のカテゴリーに入る宗教である。

近代社会では、老子が「大道廃れて仁義有り」といったとおり、法律ばかりが厳しくなって、道徳が衰退している。日本社会などはその典型であるが、家族間の殺人事件が常套《じょうとう》化する程度になると、国家滅亡が近いのかもしれない。

その一方で次々と法科大学院を作り、弁護士を大量生産する国家計画があるが、どうして訴訟地獄に陥っているアメリカの真似をしようとするのか、私にはまったく不可解である。学生時代にアメリカの法廷通訳のアルバイトをしたこともある私には、あの国の愚かな訴訟文化にほとほと呆れた記憶がある。日本は、国際法に精通した少数精鋭の弁護士を育てていくだけでよいのではないか。

ともあれ、理事無礙法界を理想と現実が調和的関係にある状態と理解すれば、近代社会で倫理観が壊れてしまった原因は、一神教的価値観と多神教的価値観のバランスが崩れたことにあるともいえる。何度も繰り返すが、多神教文化圏にいる者は、もっと国際社会において積極的に発言していかなくてはならない。

神人一体となる事々無礙法界

いよいよ四つ目の事々無礙法界であるが、これこそが私のいう無神教的コスモロジーのことである。ここにいたって、人間は自己の主体性を確立し、初めて「宗教」に勝利したことになる。平和や宗教を仰々しく語らなくても、地球上のすべての人々が、それぞれの個性を尊重しながら、融合して暮らしている状態のことである。幸福すら語る必要はない。民族、文化、生活習慣が異なってもなんの支障もなく、むしろその違いを楽しんでいる。

教団としての宗教が不在のゆえに、スピリチュアリティーとしての宗教が個人に内在化している。そうなってくると、教会やお寺に行って、何か殊勝なことをせずとも、生きることそのものが、宗教となる。

事々無礙法界では、神人一体となっているので、究極的には自分が念じたことが自然に叶うようになる。我欲ではなく、無欲が生み出す念（波長）が出るようになると、周囲の状況がおのずから整ってくるので「百事如意」ということになる。

ここまで達すれば、宗教紛争など死語となり、人類が地球上に生かされているという事実を事実のままに感謝し、その感謝の気持ちだけを共有することになる。「神」という礼拝の対象がなくても、心が感謝に満たされるというのは、なんと素晴らしいことだろうか。

このような事々無礙法界が実現するまで、人類が生き延びているかどうかは保証の限りではない。しかし、そのような段階まで文明を進化させようという意志を放棄してしまえば、生きることの尊厳すら消失し、人類はますますおかしな方向に走り出すだろう。

十牛図が示す「宗教無用論」

華厳哲学が理論的に説こうとした事々無礙法界をきわめて具体的に図像化したものがある。それは、宋代の廓庵《かくあん》禅師によって作られた十牛図と呼ばれるものであり、十編の絵に牛と人とを描き、両者の発展的関係を明らかにするものである。

絵の中の「牛」とは、悟り、仏法、真我、「人」とは求道者であるとするのが、通常の理解であ

図4-1　十牛図（第三図と第五図、相国寺蔵）

る。しかし、ここでは「牛」を、宗教または神と理解すれば、私のいう無神教のなんたるかが見えてくるだろう。

第一図「尋牛」は、人が牛を探して、キョロキョロと左右を見回している様子が描かれている。無反省な物欲的生活から、ようやく道を求める心が芽生えたところである。第二図「見跡」は、人が牛の足跡を見つけ、それをたどる図であるが、この段階で、人は求めていた宗教の教義や儀礼を学びはじめる。求道心に燃える修行者の心意気が感じられる。

第三図「見牛」では、人はついに牛の姿を認め、それを必死に追跡する。宗教との出会いが始まり、その本質を学び、身につけるために、人は懸命に努力する。一心不乱に宗教体験の世界に自分を押しやって行く光景である。第四図「得牛」は牛を捕まえ、それを逃すまいと必死になって縄で引っ張っている様子である。ついに努力の甲斐あって、真理に目覚めたと言おうか、禅的には、悟りを開いた境地である。しかし、それは生悟りであり、まだまだ使い物にならない。

第五図「牧牛」では、その牛を野に牧する光景だが、宗教体験で得たものを日常の生活行動の中に取り込もうとする姿

図4-2　十牛図（第七図と第十図、相国寺蔵）

勢である。牛をつなぐ綱が緩んでいるのは、聖と俗の間に緊張関係が不要になったことを示す。そして第六図「騎牛帰家」では、人が笛を吹きつつ、楽しげに牛に乗って家に帰るのだが、自然体で宗教的真理を実践できるようになった境地である。もはや、悟りが逃げることなく、自分の行動規範となって、生活を律することになる。

第七図「忘牛存人」になって、ようやく牛が消え、人が静かに家で佇《たたず》んでいるだけだ。この段階で、めでたく「神の出番は無くなった」ことになり、世間的価値や宗教思想に惑わされることなく、自己の主体性が確立したことになる。ここから、無神教的境地に入ったことになる。第八図「人牛倶忘」では、円相以外は何も描かれていない。これが仏教でいう「空」の表現であるが、心と魂、意識と無意識が完全一体となり、さえぎるものが一切ない世界である。ここで無神教の本質を体験したことになる。

第九図「返本還源」では、一切無の世界から百花繚乱の自然界に戻ってくる。人間不在のまま、水は高いところから低いところに流れ、春には花が咲き、冬には雪が降る。私は、

アラスカやニュージーランドや屋久島の森を歩いたとき、そこに神がいるのではないか、と感じられるほどの美しさに呆然自失したことがあるが、あのような心境が「返本還源」なのかもしれない。

第十図「入鄽垂手《にってんすいしゅ》」は、手を垂れて市場に入っていくことだが、布袋《ほてい》のように腹の膨らんだ人物が満面の笑みをたたえながら立っている。

もはや俗塵にまみれても、人に驕慢《きょうまん》な態度を見せることもなく、自然体の調和的生活が実現している。長い人生で舐《な》め尽くした辛酸も、今や完熟して人格的な味わいをもたらすのみである。これこそ宗教を忘れて、宗教そのものを生きる事々無礙法界の究極的段階といえようか。

つまり、宗教という「牛」に振り回されているのは、十牛図でいえば初期の段階であり、宗教と自己が一体となっておらず、人間の霊性理解が、まだ未熟であることを意味している。宗教という「牛」は、消えなくてはいけないのだ。宗教をむやみとありがたがるのではなく、そこから卒業することを人間の理想とすべきだろう。

そして、十牛図が教えてくれている、もう一つ大切な教えがある。最初にいったように、「牛」は悟りや仏法のメタファー（比喩）である。ということは、われわれが崇め奉っている「神」も、ここでいう「牛」であり、一つのメタファーであるということである。どれだけ尊い「神」であっても、それは「牛」に過ぎないことを、明々白々に自覚しないことには無神教は始まらない。

太陽のおかげで地球上のすべての生命は存し得ているわけだが、人間はその太陽に近づくことも、その全容を把握することもできない。その圧倒的な存在である天体を、われわれはメタファーとして「太陽」と呼んでいるわけである。

それと同様に、神の本質は人智で捉えきれるものではなく、歴史のある時点で、人類は自分たちの理解力の及ぶ範囲で捉えた神のごく一面をかりそめに「神」という言葉で表現しようとしたのである。つまり、「神」は神そのものではなく、神のメタファーなのである。

人類が勝利しなければいけないのも、メタファーとしての「神」であり、そのメタファーのゆえに対立し、争うことの空しさに、われわれは一刻も早く気づかなくてはならない。

もちろん、このことは「神」だけではなく、「ホトケ」についてもいえる。ゴータマ・シッダルタという男性は、歴史上に実在したアーリア系インド人だが、「ホトケ」はあくまでメタファーに過ぎない。坊さんがありがたそうに説教する「ホトケ」も、本堂で金色に輝く「ホトケ」も、ともに人間の言葉で表現し切れないもののメタファーなのである。

「啓典の民」と呼ばれるユダヤ教徒、キリスト教徒、イスラム教徒は、自分たちの聖典を神聖視し、それを防衛するためには戦争すら辞さない。しかし、「神」や「ホトケ」がメタファーであることに気づくなら、あらゆる宗教の聖典は、そのメタファーの「効能書き」であり、「取り扱い説明書」であることも、おのずと理解されてくるはずである。

アーミッシュが実践していた事々無礙法界

事々無礙法界というのは、けっして仏教哲学上の理念ではなく、すでにそれを理想として、行動に移している人たちがいる。いちばんわかりやすい例が、オランダのメノナイト教派にルーツをもち、十八世紀にアメリカに移住してきたアーミッシュたちである。農本主義のアーミッシュを時代錯誤的で反社会的な原理主義者とみなす人も少なくないが、私は彼らをキリスト教における無神教的コスモロジーの可能性を示す先駆的な存在と考えている。

私も家族とともにペンシルヴァニア州フィラデルフィア郊外に三年ほど暮らしていた時期があり、週末になるとアーミッシュが多く住むランカスター郡をしばしば訪ねた。美しい田園の中をドライブするためでもあったが、ファーマーズ・マーケットに並ぶパン、野菜、チーズなどを買い求めることも楽しみの一つだった。私は、とくに彼らが作る黒パンが大好物で、酸味があり堅かったのだが、噛めば噛むほど味わいがあった。

彼らは移民当時の生活様式を守るために、自動車、電話、パソコンはもちろんのこと、電化製品というものを一切使用せず、馬車とランプの生活をしている。国道でアーミッシュの馬車に遭遇すると、長い渋滞を覚悟しなくてはならなかったが、誰も文句をいう人はいなかった。

男性は冬は黒い帽子、夏は麦わら帽に、あご髭を蓄え、青か白のシャツにズボンつりをつけた黒いズボンを穿《は》いている。女性は、長いワンピースにエプロンをつけ、白いレースの帽子をかぶっている。若い女性は化粧もせず、アクセサリーもつけていないが、誰もが清楚な美しさをたたえていた。

要するに男女ともに、つねに作業着姿なのである。なぜかといえば、彼らは祈りは日常の労働の中にあると信じているからだ。学校も中学校以上は行かせない。それ以上の教育を受けると、知識が先行し、謙虚さを失い、神への感謝を忘れるからである。

ここで、スー・ベンダーというニューヨーク生まれのアーチストのエピソードを紹介しておこう。

彼女は大学院で二つの修士号を取るほど、キャリア志向の女性であったが、アーミッシュのキルトに興味をもったのがきっかけで、彼らと生活をともにする機会を得る。

私の仕事は、生活を簡素化し、深化することだ。すべてを棄てたあと残されたものに忠実であることだ。それこそまさに私が求めていたものだ。残されたものを手入れし磨き、最後にそれが輝きを放ち、生命を持つようにすることだ。

そのことを認めたくなかった私は、虚飾を捨てたアーミッシュの生活の秘密を学べば、偉大な作品を生むことができるかもしれないと考えた。だが彼らの秘密は、秘密などないということだった。彼らは「むこう」には何もない、「時間の無い現在」しかない、ということを知っている。私は彼らから、収穫を得ようと急ぐものではないということを学びつつある。彼らの生き方は着実だ。そこがまったく違うのだ。

彼らの生き方は彼らの信念を反映している。彼らの人生が彼らの芸術なのだ。(『プレイン・アンド・シンプル』二一五―二一六頁)

「むこう」に何もないことを知り、今という瞬間を生き切ることこそ、事々無礙法界の生活である。彼らは敬虔なクリスチャンだが、他宗の人たちと神学論争をしたり、宣教のために他者の生活に踏み込んでいくことなどしない。牛馬とともに汗をかいて働き、家具や道具を磨き上げ、家族の絆を大切にする。そのこと以外に、神への祈りがあるとは思わないからだ。

彼らは教会をもたず、日曜日ごとの礼拝は誰かの家か納屋で行なわれ、神道の直会《なおらい》のように、心を込めて作った料理を全員で食する。キリストを思う気持ちが強くても、エルサレムやバチカンに巡礼の旅に出かけることもない。生活の場が聖地だからである。

彼らは敬虔な信仰者でありながら、信仰を理念としてではなく、行動の中で深めようとするがゆえに、無神教の実践者とみなすことができるのである。

信仰に生きるアーミッシュも、やはり芸術を生み出す。有名なアーミッシュ・キルトである。それは、着古した服の端切れを集めて作られるだけあって、いいようのない深い渋みをたたえているものが多い。しかも、円形を並列させた構図が、密教の「金剛界曼荼羅《こんごうかいまんだら》」とそっくりなことに驚かされる。

キルトは女性たちが農作業の合間に集まって縫うものらしいが、彼女たちは、いったいどのような思想から、あのようなデザインを生み出すのだろう。私には、そこに表現されているのが、「時間のない現在」を目一杯に生き切る人たちのみが生み出し得る無神教的コスモロジーであるように思えてならない。

キルトだけでなく、アーミッシュの人形も、古切れを縫い合わせて、丁寧に作られる。ところが、その顔に、目、鼻、眉、口などが描かれることはなく、一見、異様である。それでもアーミッシュの女の子たちは、その空白の顔面をもつ人形をわが身の分身のように大切にする。

個性を最重視する「アメリカ教」の国で、そのような感覚に生きる人たちがいるだけでも、驚愕である。彼らは皮相な個性に惑わされない真の〈愛〉の在りかを知っているのではないか。

児童射殺事件に見る魂の成熟

アーミッシュの伝統を重んじる信仰生活が、けっして形式的なものでないことは、最近のある事件で明らかになった。二〇〇六年十月、ランカスター郡にある小学校に、「神を憎む」という男が闖入《ちんにゅう》し、女子児童と教師の五人を射殺し、六人に重傷を負わせている。

アメリカ社会でももっとも平和と思われていた地域での悲劇は、まったく予期されないものであっただけに、全米の人々にショックを与えた。しかし、驚くべきは事件後に明らかになった現場の様子である。

なんと十三歳の女の子マリアンが、自分よりも小さな子に銃口が向けられたとき、「私を撃って、代わりにこの子を助けてほしい」と落ち着いて願い出たという。そして、マリアンは銃弾に倒れたが、その直後、マリアンの妹バービーも「自分を撃って、ほかの子を助けてほしい」と申し出、実際に撃たれている。しかも、現場の雰囲気は勇気と平静に満ちたものであり、誰一人として悲鳴を上げたり、パニックになることはなかったという。

アーミッシュは、神に敬虔な祈りを捧げながらも、神を祭壇に祭り上げることなく、労働の中にはっきりと感得しているのである。その足が地に着いたライフスタイルが、このような魂の成熟した子供たちを育てることになったのだろう。

図4-3　事件のあと更地になった学校前を通るアーミッシュの馬車（毎日新聞社提供）

一般にアメリカ人の子供たちは、ハイパーでパニックになりやすいことは、私もアメリカで子育てをした親の一人として、よく知っている。しかし、同じアメリカ人の児童でありながら、ここまで腹の坐った行動がとれるというのは、生まれてからの親の教育の賜物であろう。

さらに驚くべきは、マリアンとバービーの祖父が、いち早く、犯人に恨みを抱かないということを表明し、犯人の家族を子供たちの葬儀に招いたことである。

日本のメディアにも、犯人を極刑にしてほしいと訴える被害者の親のインタビューがしばしば報道される。そのことからもわかるように、子供を殺《あや》められた悲しみは、おそらく人間の悲しみの中でも、もっとも激越なものと想像する。

しかし、二人の女児の祖父は、「自分の親族がこのように残酷に命を奪われたが、自分たちの心の中に恨みを抱いてはいけない。犯人には邪悪と残酷の一面があるかもしれないが、これを考え続けてはいけない。なぜなら、それに執着することは自分を苦しめるだけだからだ」と語ったという。

これは、平生から人生をまるごと芸術として真剣に生きている人間にしかいえない、高い品格を秘めた言葉である。現実に事々無礙法界をここまで実践している人たちは、仏教的世界にも稀である。

先進的だった梵我一如の思想

無神教的コスモロジーということについて、思索をめぐらせるうちに、改めて古代インドのベーダ思想の先進性に驚かされる。その中枢にあるのは梵我一如の考えである。梵とはブラフマン（宇宙的真理）であり、我とはアートマン（個我）のことであるが、その両者が完全に重なり合った状態が、梵我一如である。

まさに華厳哲学の淵源もそこに始まるといっても過言ではない。事々無礙法界の「事」が、事法界の「事」と異なるのは、それが梵我一如の「事」へと根本的な転換を経ているからである。

紀元前七世紀ごろに成立されたとする『ウパニシャッド』に記されている「汝はそれである」という言葉は、肉体と感情をもつあなた自身が、神であり、仏であるということだ。こういう考え方は人と神が断絶しており、その関係が契約で結ばれているとする一神教が断固として拒絶するものである。

かといって、日本人のように「死ねば、誰でも成仏する」といった安穏とした考えとも違う。それは、アートマンである〈個〉の意識が、ブラフマン（梵）である神と同じレベルに達するということだから、容易ならざることである。

「煩悩即菩提」というのも「梵我一如」の仏教的表現であるが、そういう境地に到達している人物というのは、そうざらにいるものではない。真剣に坐禅などをしていれば、瞬間的にそういう境地になることはあるが、それを日常生活において持続していくのは、至難のわざである。

生活の中に仏を見る

しかし、例外も存在する。浄土真宗において、妙好人と呼ばれる人たちが、それである。彼らは学歴とか社会的名声とは無縁の人たちであったが、長年、念仏を不断に継続することによって、非常に円熟した境地に到達していた。

たとえば、島根県温泉津に暮らしていた下駄職人、浅原才市《さいち》（一八五一－一九三八）がカンナ屑や下駄の歯の木切れに書きとめた言葉は、妙好人が獲得していた深い叡智を代表するものである。

ねるも仏、おきるも仏、さめるも仏
さめてうやまう　なむあみだぶつ
むねに六字のこゑがする
おやのよびごえ、慈悲のさいそく、なむあみだぶつ（『妙好人のことば』一三〇－一三一頁）

ここでは、常住坐臥《じょうじゅうざが》に仏が浸透している。特別の才覚もなく、若いときには博打を打って警察のご厄介になったこともあるという才市が、もはや仏は自分の外にあって拝むものではないという境地にまでいたっていた。僧侶でも、これほどの境地にいる人は、希有である。さらに、彼の没我的念仏は、生と死の二元論の壁を破るほどの力をもつものであった。

わたしゃ　しやわせ
死なずにまいる
生きさせてまいる浄土が
なむあみだぶつ（『妙好人のことば』五八頁）

特殊な修行を重ねた高僧が「生死不二」の教えを説くのではなく、一市民が世俗的な生活をしながら、こういう心境にいたったところが貴重である。事々無礙法界というのは、理想的世界でもありながら、個人の自覚である「霊的認識（グノーシス）」次第では、当たり前の生活に実現可能であることを、浅原才市が身をもって示してくれている。

もっとも、霊能者と呼ばれる人たちの中には「我は神なり」と宣言する人が少なからずいるが、それはどうやらベーダ哲学でいう梵我一如の思想と異なるように思われる。なぜなら、「我は神なり」と他者に向かって宣言するところに、強烈な自我意識が伺えるからだ。

その証拠に、「我は神なり」という人がままあっても、「汝がそれなり」と他者の中に神性を認めていく人は、きわめて少ない。人間というのは、自己中心的なところがあるので、他者の尊厳をなかなか、認めようとはしない。

事々無礙法界というのは、そういった自我意識の残滓が消えて、互いが互いの神性を認め合う社会のことでもある。寺院の祭壇で神を崇め奉るのではなくて、個々の人間の肉体そのものが祭壇となる。そこにこそ、無神教の無神教たるゆえんがあるといえよう。

神秘主義者たちは神を崇めなかった

無神教という言葉を遣いはじめたのは私が最初であるが、それを実践していた人たちは、大昔から存在する。とくに各宗教的伝統の中で、神秘主義者と呼ばれてきた人たちは、教義ではなく、体験から神仏に近づいていった人たちであり、いたずらにドグマチックな議論に没頭することはなかった。いずれの宗教においても、教義を声高に語りたがる人がいるものだが、そういう人にかぎって、みずからの体験に自信がないといってよいだろう。

神秘主義の第一人者は、ドイツのマイスター・エックハルト（一二六〇頃―一三二八頃）である。日本でいえば、親鸞上人と同じ時代の人だが、彼の『教導講話』を読むと、まるで禅僧のことばのように聞こえてくる。

外面的な事物のうちに平安を求めるような人たちはすべて正しく求めていないのであり、求めて遠くへ行けば行くほど求めているものが益々見出し難くなるのである。道を間違った人のように、行けば行くほど益々迷うのである。

では一体、如何にすべきであるか。なによりも先ず第一に、自分自身を放下《ほうげ》しなければならない。そうすれば一切を放下したのである。（『エックハルト』、三一六頁）

「求めて遠くへ行けば行くほど」、求めているものが見えなくなる。聖地巡礼は、神と一体となるための必須事項ではない。神は、今ここにいる。それを自覚することが、自己を放下することである。禅僧が坐禅中に考える公案の一つに「放下著《ほうげじゃく》」というのがあるが、まさに同じ境地である。エゴで宗教を信じるぐらいなら、信仰などもたないほうがいいのである。

真に善き人は、何事であれそれが起ることが神の意志であるというただその故にのみ、たとえそれが自分にとって禍であり、或いは堕地獄でさえあっても、正にそのことを神と共に意志するというほどに完全に神の意志と一つであり合一していなければならない。……このようにして、神がすべての悪を悩みなくして悩み給う如くに、私にとって罪は悩みなき悩みである。このような人が天上におけると同じくこの地上においても神のうちで如何に驚くべき喜悦に満ちた生を生きるか、それによく注目するがよい。彼にとっては災難も楽しみになり、悩みも愛すべきものに等しいのである。（『エックハルト』、三四三－三四四頁）

エックハルトは、「神と一つの意志になっている」なら、神を欠き、神から引き離され、神を捨ててもよいといっている。そのような事々無礙法界の心境になれば、「神は偉大なり」と叫ぶことのしらじらしさに、誰でも気づくはずである。

そして仏教的に翻訳しなおせば、われわれが担ぎまわっている煩悩も、仏の知恵のうちなのである。維摩経《ゆいまきょう》に「衆生病むゆえに、われも病む」という言葉があるように、私が悩むということは、仏が悩んでいるのである。
苦悩は孤独なものであるが、孤独というのは、本来、あり得ない。われわれは神との「同行二人」において、人生遍路を巡礼しているのである。それがわかれば、「災難も楽しみになり、悩みも愛すべきもの」という心境になってくる。われわれは悩みの一つひとつにおいて、神仏と出会っているのであり、自己を「放下」しないまま、四国八十八ヶ所の遍路に出かけたところで、ますます道に迷うことになる。

何をなすかよりどう立ち向かうか

エックハルトの言葉は、汲めども尽くせぬものがある。われわれの仕事の意味については、次の引用が答えてくれる。

自分たちが何を為すべきかということはそれほど考えなければならないことではない。考えなければならないのは、自分たちが如何なるものであるかということである。自分自身とそのあり方さえ善くあるならば、なす業《わざ》（仕事）は光を放つであろう。……一切の業においてお前の全力が神に傾注されるよう勤めよ。かかる心をもって進むならば、お前のなし得ることが一箇の石を踏むことにすぎないとしても、それは、お前が自分のことを思い離脱せぬままに主の聖体を受け奉るよりも、より神的な尊い業である。（『エックハルト』、三一六－三一七頁）

何を職業とするかは、問題ではない。それにどう立ち向かうかが問題なのである。「一箇の石を踏むこと」すらも「神的な尊い業」というわけだから、トイレ掃除やゴミ集めを職業としていても、なんら卑下することはなく、自分を忘れ、そこに全力を傾注するならば、「光を放つ」行為となるのである。

エックハルトは、さらに「神の根底は私の根底であり、私の根底は神の根底である」と、まるで仏教の如来蔵思想と同じことをいっている。如来蔵思想とは「誰もが如来を胎児として宿す」という、紀元二世紀ごろにインドで生まれた大乗仏教の思想の一つであるが、そこでは礼拝する神が消えて、自分の中に入り込んでいる。私のいう無神教的コスモロジーとは、まさにそういう世界のことである。

心理学者ユングが「自由な精神の木に咲くもっとも美わしき花」と評したエックハルトであったが、生前は異端尋問を受け、死後、正式に教皇庁から異端として宣告されたのである。そのため著書が焚書《ふんしょ》にあい、わずかな言説しか残っていない。

排除された神秘主義者たち

彼だけではなく、神秘主義者に共通しているのは、それぞれの伝統において、ひどく異端視されていたことである。火あぶりなどで処刑されてしまった人物も少なくない。教団内の権力志向の人物にとっては、権威におもねることなく、体験からストレートに宗教を語る彼らの存在は、目障りで仕方なかったのである。

イスラム教の神秘主義者であるスーフィーたちも、同じ憂き目にあっている。イスラム法である「シャリーア」を形式主義的で、「外なる道」に属するものとみなし、それに依拠しながら政治的権力を利用するウラマーたちを俗物として批判したのだから、彼らが反逆者として弾圧されたのも、無理からぬことであった。

スーフィーは、ユダヤ教、キリスト教、ゾロアスター教、仏教の影響を受けているとされるが、十三世紀あたりから中東や北アフリカ全域に広がった。

羊の皮を着る禁欲主義者スーフィーたちは、ヨガの行者のように、ズィクルという特殊な呼吸法をともなったコーランの朗誦を行なう。また彼らは、歌舞音曲を禁止するイスラム教の中では珍しく、一心不乱に回りつづける回旋舞踊を通じて、神との合一体験であるファナー（消滅）を味わう。ファナーは、エックハルトのいう「放下」を踊りにおいて体験することなのだ。そこで霊的な光に没入することによって、すべての存在に神が顕現していることを自覚するようになる。

それは超越的な神と人間が断絶していることに、信仰の根幹をなす一神教では許されることのない世界観であり、かつては多くのスーフィーが処刑されたが、今では違法ではないものの、隠れるように修行している人が少なくない。

事々無礙法界の体現者である神秘主義者が、そのような不遇をかこつことになったことからも、人類が勝利すべき「宗教」がいかに手ごわい相手か伺い知れる。

時空を超えてつながる統一意識

神秘主義者が教団組織からの絶え間ない脅迫にさらされながら、密かに体験していたことを白日のもとにさらし、なるべく合理的に分析しようとしているのが、現代のトランスパーソナル心理学である。中世なら火あぶりになっていたかもしれない話題をおおっぴらに語れるようになったわけだから、考えようによっては、われわれが生きているのは、誠にありがたい時代である。

トランスパーソナル心理学のリーダー的存在であるケン・ウィルバーは、若いときに老子の『道徳経』を読んだことがきっかけで、自我の超越を勧める東洋の神秘思想に興味をもちはじめたという。

それにしても、古代インドのヴェーダ哲学、仏教の華厳哲学、中国の老荘思想、一神教の神秘主義、現代のトランスパーソナル心理学など、時空を超えて、人間の意識というのは、不思議とつながっているものだ。

ウィルバーによれば、人間はこの皮膚の境界によって世界と分け隔てられ、自分と世界の間には超えがたい溝があると思い込んでいるが、本来、世界にはいかなる裂け目も境界もなく、あるのはただ心という統一意識だけである。

無境界の自覚である統一意識のなかでは、自己感覚が拡大し、かつて非自己と思われていたあらゆるものがそこに含まれる。アイデンティティ感覚が全宇宙すなわちあらゆる世界に移行し、高次も低次も、顕在も非顕在も、聖も俗も含まれるのである。もちろん、自己と宇宙を分離させる原初の境界をまちがって実在するととらえているかぎり、これは実現されない。だが、

図4-4　曼荼羅（『MANDALA光の旅―釈迦如来』より）

原初の境界が幻想であることが理解されさえすれば、すべてが自己感覚に含まれるようになる。もはや自分自身の外には何もなくなり、境界を設けられなくなってしまうのである。このように、原初の境界を看破しさえすれば、統一意識という感覚はそれほどかけはなれたものではなくなってくる。（『無境界』、八五頁）

この無境界については、華厳経がインダラ網（因陀羅珠網）という考えによって、もっとダイナミックに説いている。須弥山の頂上に住む帝釈天の宮殿には、網が張りめぐらされており、その一つひとつの結び目に宝珠がついている。それらの宝珠が互いに限りなく反射しあっているのが、インダラ網である。

それは過去の因と現在の果がけっして無関係でなく、完全かつ有機的につながっていることを表わす比喩である。過去の因が一つでも異なれば、現在の果も変わることになる。インダラ網は、カルマの法則をグラフィックに説明したものと考えてよい。

そのように仏教では、絶対神が人間の運命を定めるのではなく、物事には必然的な因果律があるとする。だから、否定すべき現象は一つとなく、われわれは完全円満な世界に生きている。それをヴィジュアルに図形化したものが、曼荼羅《まんだら》である。曼荼羅は美術品として鑑賞するものではなく、宇宙における自分の位置を確かめるために熟視するものである。

ところで最近、日本人技術者が超精密大気汚染測定器を開発したが、それによれば地球の反対側で有毒ガスが発生しても、日本で感知できるそうである。インダラ網は、古代インド人の想像の産物ではなく、現実だったのである。

ウィルバーが無境界という言葉で表現しようとしたものは、このインダラ網的統一意識の世界である。その統一意識があるゆえに、われわれは民族や時代を超えて、似たような思想にたどり着くわけである。

ところが現実の人間はそうした一体感を忘れ、存在しない境界によって分離した自己感覚に悩まされて生きているため、自我と他者、生と死、現在と過去といった亀裂の中で葛藤する。

そのような亀裂の中で、自我意識はますます狭隘《きょうあい》化していき、妄想の世界に生きることになる。自分のエゴにとらわれるために、自分の中の嫌な側面や恥ずかしい側面を抑圧し、その抑圧されたものを外部に投影してしまう。怒りを抑圧する人は、自分がつねに誰かに怒られているように感じ、他人への興味を抑圧する人は、いつもみんなに注目されているような感情を抱く。

エゴが幅を利かせている個人主義の時代では、人はまるで目に見えない自分自身とシャドー・ボクシングでもするように、自分を痛め、窮屈な生き方をしてしまうことになる。

白隠禅師（一六八五―一七六六）の『坐禅和讃』に、「衆生本来仏なり、水と氷のごとくにて、水をはなれて氷なく、衆生の外に仏なし、衆生近きを知らずして、遠く求むるはかなさよ、たとえば水の中に居て、渇を叫ぶがごとくなり、長者の家の子となりて、貧里に迷うに異ならず」とあるが、満ち足りた世界に生かされているがゆえに、不足しか感じられなくなっているのが、現代のわれわれである。

トランスパーソナル心理学の目指す「一なる世界」

そのような現代に蔓延する精神的な荒廃やニヒリズムを警告し、そこから脱却するために人間がエゴを超えて成長する存在であることを指摘しようとするのが、トランスパーソナル心理学である。

そもそもトランスパーソナルという言葉を最初に遣ったのが、カール・ユングであったとされるが、ユング心理学とトランスパーソナル心理学の間には、いくつかの共通点がある。

とくにトランスパーソナルの「個我を超える」という考え方は、ユング心理学のカナメにある集合的無意識という概念に通じている。それは時間と空間とは無関係な人類普遍の無意識であり、そのためにわれわれは国家や民族とは関係なく、多くの神話的モチーフ（原型）を共有するのである。

その無意識の構造を明らかにしようとしたユングは、心霊現象から錬金術まで、幅広い領域を研究対象としていたため、ときに彼の学説は非科学的であるという批判が向けられたりする。

人間の心が成長していく個性化過程（individuation）や、それが究極的には「一なる世界」（unus mundus）につながり、そのゆえに共時性（synchronicity）という不思議な現象も起きるといった考え方も、トランスパーソナル心理学の核心にあるものである。

ところで、たまたま書店で本書を見つけて購入し、読んでくださっている読者があるかもしれない。それは読者が個性化過程の中で、筆者である私の魂と「一なる世界」で共鳴し、ある日ある時間に、その書店に足を運ぶことになり、数万冊が並ぶ書架の中で本書が目にとまり、ついに手にするという共時性があったわけである。

一歩間違えば、超自然的な霊的現象に異常な関心を抱き、オカルト研究に陥りかねないトランスパーソナル心理学ではあるが、神秘体験がたんに神秘的なものではなく、それなりの合理性の中で起きるものであることを明らかにする上で、おおいに期待できる分野である。

とくに伝統的な宗教が教団組織の威信を高めるために、奥義として秘めてきた宗教体験が、じつは誰にでも、どこでも起き得るものであることを実証するという役割があるように思える。

各宗教の長い歴史の中で培われた教義や儀礼だけを見ていれば、宗教対立は避けられないが、トランスパーソナル的な観点に立てば、そのようなことは、まったく意味をなさなくなる。

そして大切なことは宗教体験を無批判に絶賛するのではなく、さまざまな角度から考察し、さらなる発展の余地がないか、あるいは社会的な危険性をはらんでいないかを明らかにしていくべきだ。それこそが、心の解剖学としてのトランスパーソナル心理学が本領を発揮すべき分野である。

水墨画は無神教の芸術

生きている宗教は、必ず芸術を生み出すというのが私の持論だが、無神教的コスモロジーもまた例外ではない。それが何かといえば、中国が生み出した水墨画である。西洋人は水墨画のことを神秘的であると評したりするが、それは彼らの一神教的コスモロジーでは捉えきれない世界観が描かれているからであって、それを描いた人間にとっては、神秘でもなんでもなく、きわめて平明な世界を見ているだけである。

ここで、水墨画の特徴を整理してみよう。まず、それは洋画における遠近法のように、視点が一点に固定されていない。平地に立つ人間や牛を描くときには、画家はその人間と同じ地平に立っている。少し高いところにある民家を描くときは、目線をそこまで上げている。まるで画家は、中空に浮かぶロープウェイにでも乗っているようだ。

そそり立つ断崖の上に建つ草庵を描くときは、さらに画家は自分を断崖の高みにまでもち上げていき、あたかも自分がそこに住む隠遁者でもあるかのようだ。

そして、その絵を見る者も、知らないうちに自分を縦横無尽に動かしてしまっている。野を耕す地上の人間を見るときは、そこに自分も耕しているのであり、孤高の仙人を見るときは、自分も仙人の境地に浸る。時には人間であることを止め、牛や魚になり、山になり川になり、ついにはたなびく朝霧や白雲になったりもする。そのえもいわれぬ解放感こそが、水墨画の醍醐味である。

水墨画の二つ目の特徴は、油絵のようにすべての空間に色が塗り込められていないことだ。極端な場合、大きな画紙のほんの片隅にしか事物が描かれていない。しかも、それでなんら欠落感がなく、すべての空間が完全に満たされている。その空白の空間を満たしているものを直観すれば、無神教の本質が見えてくるはずだ。欧米人の中には水墨画を見ると、空間恐怖を感じる人がいるそうだが、それは無神教的コスモロジーにまったく共感できないことからくる感情である。

三つ目の特徴は、描かれているものが、少しも写実的ではないことである。抽象画ではないが、現実世界の具象が抽象化されている。宮沢賢治は、自分の作品を「心象スケッチ」と呼んだが、水墨画も描く者の心象が投影されていると考えてよい。

何を取り、何を捨てるか、その選択こそが画家の哲学である。そして選択したものの本質だけをつかみ、よぶんなものは一切付随させない。水墨画は省略の芸術である。

四つ目は、線の上塗りをしないことである。水墨画では、筆の勢いが生命なので、一度描かれた線を修正しようとはしない。それをしてしまうと、絵が死ぬ。なぜなら筆の動きは、神人一体のものであり、修正によって画家の意図をはさんではならないからだ。山を描くときは山になり、人を描くときは人になる。その山も人も現実のものではなく、画家の心に映し出されたものである。

だから、一本の線を引いたとき、それはその人の心の線であり、現物の線と異なるからといって、修正の必要がない。これはキャンバスが盛り上がるほど、絵の具を重ねていく油絵とは大きな違いである。

最後に、水墨画は文字通り水墨で描くものであり、ほとんど色彩を施すことがない。とくにその傾向は、中国よりも日本の水墨画に強い。なぜなら墨一色のほうが、見る者の想像力が働き、かえってリアルに見えるからである。それを直観した日本の水墨画家の洞察眼は賞賛に値する。

般若心経に「色即是空、空即是色」というフレーズがあることは、よく知られているが、それは歴史的現象界と超越的真理が不即不離の関係にあることを意味する。

しかし、ここではその「色」をたんに色彩と理解すれば、水墨画では描かれた事物に色を入れないことによって、現象世界を空化しているのである。さしずめ水墨画は、無神教の宗教画であるといってよいだろう。

キリスト教の宗教画では、十字架上のイエスか、幼子イエスを抱くマリア像が、基本的構図になっている。磔刑にあったイエスがあまりに写実的に描かれるので、思わず顔を背けたくなるほど、血なまぐさい。

クリスチャンは、そのリアルな絵を見ることによって、原罪を一身に背負ってくれたイエスへの信仰を強めるのかもしれないが、そこに息苦しさしか感じられない私は、ヨーロッパの美術館などで宗教画コーナーがあれば、足早に通過することにしている。神の受肉であるイエスの肉の匂いが、強すぎるのである。

現代日本人で水墨画を描く人は少数派であるが、簡略化された墨絵や俳画は根強い人気を保っている。それは、やはり油絵だけでは納得できない、事々無礙法界的世界に最大の美を見出してきた日本人特有の直観が働いているからではなかろうか。

無神教的コスモロジーの表現としての俳句

中国文化が水墨画という形式で表現した無神教的コスモロジーを日本人は、どう表現してきたのだろうか。その最たるものの一つとして想起されるのが、俳句である。

俳句のルーツをたどれば連歌があり、さらにその向こうに漢詩の長い歴史があるわけだが、五・七・五という極端に短い音節だけで成立する文学を生み出したことを日本人は誇りとすべきだろう。またそれが、毎日の新聞に俳句欄が設けられるほど、国民的な広がりをもっているということにも、驚かざるを得ない。

私が俳句を高く評価するのは、その風流を愛でる情緒的な動機からではなく、それが日本人の直観している無神教的コスモロジーを端的に表現しているからである。芭蕉の代表的な句をいくつか並べてみる。

あらたふと青葉若葉の日の光

日光東照宮への賞賛の思いが込められていることは推察できるが、寺社仏閣への言及は避け、春先に芽吹いた若葉に照り返す陽光を詠むことによって、そこに何かしら尊いものが存在していることを読者に共感させる。こういう心情には、神も仏も出番がない。

梅が香にのつと日の出る山路哉

山の端に赤々と燃えながら、のっと出て来たのが、太陽なのか、自分なのか。おまけに、そこに漂うほのかな梅の香りが、この世のあらゆる「境界」を空化している。これは、『ウパニシャッド』の「汝がそれである」の日本的表現なのかもしれない。

古池や蛙飛びこむ水の音

古池に飛び込んだのは、間違いなく自分である。そして飛び込んだ先の古池も、また自分であった。チャポンという水の音が、池と蛙と自分の境界線をぶち破ってしまったのである。芭蕉は禅の老師にこの句を提示したというが、それならこれが無神教的コスモロジーの賛美歌なのかもしれない。

若葉して御目の雫ぬぐはばや

万里の波濤を越えてやってきた鑑真和尚の視力を失った目からも涙が流れている。柔らかい春先の若葉で、その涙を拭いて差し上げたい。唐招提寺に祀られている仏像が尊いのではなく、日本に骨を埋めた老僧と、老いさらばえていく自分の〈いのち〉が、一滴の雫に輝いている。それが尊いのである。同情やら憐憫《れんびん》の情やらをはるかに超えた〈いのち〉の共感が、この句を格調の高いものにしている。

いずれの句も、目前の事物を詠むだけで、けっして断片的ではない統一的意識が示唆されている。その無神教的敬虔感情に浸れば、「わが神こそ、唯一無二の真理だ」などという声が、野暮ったく聞こえてくる。しかも、局所的な情景を通じて、その統一的意識が作者だけでなく、読む者にも共有されるところに、俳句のおもしろさがある。

俳句から理解する西田哲学

さらに私は、俳句の本質にある哲学的な深さにも関心を抱いている。端的にいえば、俳句が表現しようとしているものは、西田幾多郎（一八七〇—一九四五）のいう「場所の論理」である。西田のいう「場所」は、事々無礙法界の「事」と同一視してよい。そのことは、「場所的論理と宗教的世界観」という西田の論文にも明らかである。

> 絶対は何処までも自己否定に於て自己を有つ。何処までも相対的に、自己自身を翻へす所に、真の絶対があるのである。真の全体的一は真の個物的多に於て自己自身を有つのである。神は何処までも自己否定的に此の世界に於てあるのである。此の意味に於て、神は何処までも内在的である。故に神は、此の世界に於て、何処にもないと共に何処にもあらざる所なしと云ふことができる。（『西田幾多郎全集』第十一巻、三九八頁）

日の光、梅が香、若葉、古池、蛙といった「個物的多」は、神が自己否定的に現われた「場所」にほかならない。俳句を詠むという行為は、「理」と「事」の「絶対矛盾的自己同一」を全身で感得することなのである。

別に俳句を詠まなくとも、われわれが日常生活において、眠る、起きる、歩く、食べる、働く、語らうことの一つひとつに、絶対者が自己否定的に顕現しているのであり、それを自覚したところに、事々無礙的生活の安心感というか、主体性がある。

そのことをまた、西田は行為的直観と呼ぶのだが、誰しも一日のうちに、「物となって見、物となって行なう」行為的直観を刻々に実践しているのであり、何をなしてもバラバラであるようでバラバラではない。それは行為する自分がそこに統一的に存在しているからである。

それらの日常的行為に向き合わず、反対にみずからの行為に振り回され、自分の主体性を見失うから、苦が生じてくるのである。エゴではなく、無心に行為する自分が、どこまでも「主人公」である生き方、それこそが無神教的コスモロジーの世界である。

話は少し飛躍するようだが、私は公衆トイレの不潔さにうんざりしている。人間のもっとも基本的な排泄行為をまともにできないということは、大半の人間が注意力散漫で、みずからの行為にまったく向き合っていない証左である。無神教といい、事々無礙法界といい、けっして形而上学的議論で済むものではなく、ごく日常的なレベルから実践されなくてはならないものである。

ジョン・レノンも直観していた無神教的世界

人間の直観というのは恐ろしいもので、古代インドや中国、日本の深層文化で、じっくりと時間をかけて体系化されていた無神教的コスモロジーの本質を一気につかみとった現代人がいる。

誰かといえば、ザ・ビートルズの一員であったジョン・レノンである。彼の「イマジン」は世界中で愛唱されているが、それは多くの人たちが、既存の宗教には見出すことのできない、無神教の真価を直観しているからでもある。

しかし「イマジン」は、9・11事件直後のしばらくの間、全米の放送局で使用禁止、もしくは使用自粛になった。当時はテロ攻撃に激昂《げっこう》したアメリカ国民が、「報復」という言葉を頻繁に遣っていたため、「イマジン」の歌詞が、その世情に水を差すと思われたからである。

もしそれが、外部からの圧力で放送局がそのような措置をとっていたとしたら、話はよけいに複雑である。なぜなら、一神教的コスモロジーは、一神教的コスモロジーの中で特殊権益を得ている人たちにとって、この歌に歌われている無神教的コスモロジーは、自分たちの存在価値を脅かすものとして、敵視していたことを意味するからである。さて、その「イマジン」の歌詞を改めて書き記してみよう。

想像してごらん　天国なんてないんだと
やってみれば　かんたんだろ
下に地獄もないんだ
上にはただ空がひろがっているだけ
想像してごらん
みんないまこの時を生きているのを…

Imagine there's no heaven
It's easy if you try
No hell below us
Above us only sky
Imagine all the people
Living for today...

しょせん、天国や地獄も、古今東西の宗教が競って作ったフィクションなのである。存在するかどうかわからない存在への憧れや恐怖を捨てて、現実を見る。そして昨日でもなく、明日でもなく、今日という日を健康に、幸せに生きることに心を注いだほうが、よほど賢明である。
ちなみに、この曲のフレーズの一部が、二〇〇一年九月二十五日の「ニューヨーク・タイムズ」の全面広告として載せられた。まったくの白紙に、

Imagine all the people living life in peace.
（想像してみよう、すべての人が平和な人生を送っている姿を）

という一行だけが印刷されていたのである。結局、それはオノ・ヨーコが出したものと、後日判明したが、アメリカ国民が一丸となって、報復戦争を起こそうとしているときに、どうしても彼女は、この言葉を伝えたかったのだろう。

想像してごらん　国境なんてないんだと
むつかしくないだろ
殺したり死んだりする理由もないんだ
宗教もないんだ
想像してごらん
みんな平和に暮らしているのを…

Imagine there's no countries
It isn't hard to do
Nothing to kill or die for
No religion too
Imagine all the people
Living life in peace...

この「宗教もないんだ」というフレーズもまた問題視され、イギリス国教会系の学校で、やはり「イマジン」が使用禁止になった。宗教の権威を否定するとみなされたのである。

しかもジョンは一度、「キリスト教は消えてなくなるよ。そんなことを議論する必要はない。僕は正しいし、その正しさが証明される。……キリストは正しかったさ。だけど弟子たちがバカな凡人だった。僕に言わせれば、彼らがキリスト教をねじ曲げて滅ぼしたんだよ」と発言したことがある。

これが大問題になり、アメリカの保守的なキリスト教団体が反ビートルズ運動を起こし、バチカンが非難声明を出し、いくつかの国で放送禁止になることがあった。

ジョンは直観だけでモノをいうタイプの人間だったと思われるが、そういう事件が起きるたびに、この歌の正体が無神教的コスモロジーのテーマソングであることが証明されていくように思えてならない。

宇宙空間を体験した宇宙飛行士が、「地球には国境がなかった」とよく口にするが、ありもしない国や宗教のために、何千年もの間、殺し合いをやって来た人間の愚かさよ。もういい加減に、目を覚ましたらどうなのか。

そういう呼びかけをストレートにしつづけていたジョン・レノンは、一九八〇年、熱狂的ファンの凶弾に倒れた。当時、彼とオノ・ヨーコは、ベトナム戦争反対運動の先頭に立っていたから、ファンの仕業と見せかけて、彼を抹殺してしまいたかった勢力があったとしたら、それこそ恐ろしいことである。

想像してごらん　財産なんてないんだと　Imagine no possessions
君にできるかな　I wonder if you can
欲ばったり飢えたりする必要もないんだ　No need for greed or hunger
みんな兄弟なんだから　A brotherhood of man
想像してごらん　Imagine all the people
みんなで世界を共有しているのを…　Sharing all the world...

人類の八割の資産を二割の人間が牛耳っている。そんなことが起きるのは、人間が欲張りだからだ。アマゾンのインディオたちには、孤児という発想がない。なぜなら、子供は皆で育てるものに決まっているからだ。だから、自分の子も他人の子も同じように育てる。しかも彼らに私有財産という考え方もない。それは権力志向のない共産主義であり、富の不公平のない民主主義である。素っ裸で暮らすジャングルの民のほうが、人類文明を先取りしてしまっている。彼らのことを未開人と呼ぶ資格は、われわれにはない。

僕のことを夢追い人だと思うかもしれない　You may say I'm a dreamer
でも僕ひとりじゃないんだ　But I'm not the only one
君もいつの日か夢追い人になってくれ　I hope someday you'll join us

そうすれば　世界はひとつになる
And the world will live as one

IMAGINE　Words & Music by John Lennon　©LENONO MUSIC　Permission granted by EMI Music Publishing Japan Ltd.　Authorized for sale only in Japan
JASRAC　出　0705858-701

「世界はひとつ」など夢だ、たわ言だと決めつける心こそ、平和をブロックするものである。皆が「世界はひとつ」であると思えば、たった今からそれは始まる。

豊かな人が貧しい人を助け、強い人が弱い人の支えになる。どこへ行くにも、パスポートもヴィザもいらない。核兵器どころか、一丁のライフル銃もいらない。それができないのは、政治や経済のせいではなく、原因はただ一つ。閉ざされた人間の心である。

「今」を見ようとしない宗教

私が宗教の超克を訴えるのは、宗教が過去と未来を見て、現在を見ようとしないからである。過去を見るというのは、人間が過去に犯した罪とか、先祖が作った因縁とかを大仰に語ることである。そしてその贖罪のために、教会や寺院に寄付を求めてきたのが、宗教の伝統である。

未来を見るとは、終末論やら地獄の思想を説き、いまだ来ぬ死の恐怖をあおり立てて来たことである。その上で、後生のために信仰をもつことを勧めたり、手厚い葬儀を営んだりすることによって、民衆の心を教会や寺院につなぎとめようとしてきた。

救いを説きながら、そこに欠落しているのは、「今」をどう生きるかという教えである。「幸せになるために、神仏に願をかける」というのも、先を見て、現在を見ていないことになる。人間として幸せになりたいというのは、自然な感情であるが、その幸せが何かを手に入れないと実現しないと考えるのは、妄想である。

「今」しか見ないというのは、反道徳的な刹那主義のようにも聞こえるが、「今」に集中すれば、邪心も入り込む余地がないので、結果的に倫理的な生活が実践されることになる。すでに紹介した華厳思想の「事々無礙法界」を「時々無礙法界」と書き換えても差しつかえがないほど、宗教の理想的境地は、こだわりなく刻々を生き切ることに、ほかならない。

「仏はトイレの穴」といってのけた臨済

そのような世界をもっとも直截的に表現した宗教家の一人が、臨済禅師（生年不詳、八六七年没）である。宗教にまつわる一切の虚飾を払い除けようとした彼は、すごいことをいってのけている。

仏に逢うては仏を殺し、祖に逢うては祖を殺し、……始めて解脱を得ん。物と拘《かか》わらず、透《とう》脱自在《だつじざい》なり。（『臨済録』）

世界にあまたの宗教があれども、みずからの教祖を殺さないことには悟れないというほどの超過激な主張をした宗教家は、臨済以外、いない。彼がもっとも敵視していたのは、依存心である。だから父母も含めて、依存の根拠となるすべてを自分の眼中から抹殺したのである。私は『前衛仏教論』（ちくま新書）の中で、臨済の言葉を次のように意訳している。

「誰にも依存してはいけない。尊いものが自分の外にあると考えるのは、大間違い。ほんとうに拝むべきなのは、自分自身の〈いのち〉なんだ。自分の〈いのち〉を敬うことも、愛することもできないでいる者が、神仏を大切にする振りをしても、ムダだ。この真実が、ほんとうに理解できたら、それを悟りと言うんだ。何にもとらわれずに、もっと自由自在に生きてみろ。」（一三頁）

これこそが、無神教の精神というものである。もっとも古い仏典の一つとされる『法句経《ほっくきょう》』にも、「自灯明《じとうみょう》、法灯明《ほうとうみょう》」という有名な教えがあるが、それをきわめて乱暴に表現しようとするのが、臨済の個性である。

「くれぐれもホトケを至上の存在だなんて思い込むな。俺にとっては、ホトケなんかまるでトイレの穴みたいなものよ（仏を究竟《くきょう》となすこと莫《なか》れ、我は見る猶《な》お厠孔《しく》の如しと）」（一七頁）

臨済は「ホトケ」がメタファーであり、そのメタファーに向けて人間のあらゆる妄念が集結していくのを知っていたのである。おまけに彼は、誰もが大切にしている仏典のことを「トイレットペーパー」（不浄を拭う故紙）とまで言い切っている。こういう含蓄のある言葉を、神の栄光を得々と語る職業的聖職者たちに聞かせたいものである。じつは国際宗教者会議のようなものに参加するたびに、そのような思いが私の胸をよぎるのだが、直接引用するには臨済の言葉があまりにも尾籠《びろう》に過ぎるので、躊躇《ちゅうちょ》している次第である。

「われわれは肉の塊りに過ぎないが、その肉体にこそ、姿なき〈いのち〉が宿っているんだ。ほら、今もその〈いのち〉が、お前の顔の真ん中から出たり入ったりしているじゃないか。そんなことにも気づかん奴は、両方の眼をかっと見開いて、しっかりと見てみろ！（赤肉団上《しゃくにくだんじょう》に一無位の真人《しんにん》あり。常に汝ら諸人の面門《めんもん》より出入す。未だ証拠せざる者は、看《み》よ看よ）（一七－一八頁）

これが無神教の究極的表現である。われわれの肉体が神の座であり、われわれが何をしていようと、神はそこに具現している。修行をしたり、議論したり、余分なことをしようとすればするほど、神を見失うことになる。

全身を黒装束で包み、「嘆きの壁」で頭を打ち突けるように祈るユダヤ教徒や、わざわざ仕事を中断して、日に五回もモスクに赴き、五体投地の祈りをするイスラム教徒の姿を、もし臨済禅師が目にしたとしたらなにをいおうとするのか、考えただけでもぞっとする。

無神教の原理主義者ともいえる臨済が唐の時代に、さっさと死んでくれたことは、世界平和のためにプラスであったことだけは、たしかである。

第五章●〈愛〉を妨げているのは誰なのか

無神教とは〈愛〉の体験

二十一世紀に人類が挑まなければならない課題には、政治経済、環境、科学技術の分野であまたあるが、中でも重大なテーマとなるのは、宗教の超克である。それはけっして宗教の否定を意味するわけではないが、既存の宗教的伝統を積極的かつ大胆に切り崩していく必要がある。

なぜなら神の道を説く宗教こそが神の道を歩む上で、最大のつまずきの石となっているからだ。神を語る人間が神からもっとも遠いところにいるといっても、過言ではない。聖職者が法衣をまとい、聖典についておごそかに語ったとしても、そこに〈愛〉があるわけではない。

空気が地球上のどこにでもあるように、〈愛〉はどこにも充満しているのであって、特定の信仰をもつかどうかとは、なんの関係もない。むしろ、宗教という覆いがないところのほうが、太陽の光が燦々《さんさん》と降り注ぐ。

〈愛〉の惑星・地球上で人類が「〈愛〉の文明」を構築できないのは、なぜか。原因は、人間の心である。人間はさまざまな思いから心を閉ざし、地球の〈愛〉を拒絶している。

よく知られているように、遺伝子学者の村上和雄によれば、われわれはもてる遺伝子情報の五〜

一〇パーセントしか使っていない。そして、よい遺伝子のスイッチをオンにし、悪い遺伝子のスイッチをオフにできるかどうかによって、個人の生活も人類の未来も決定されてくるという。

村上流に生物の遺伝子にたとえていえば、われわれがせっかくもっている〈愛〉の遺伝子の大半をオフにしたままにしているのは、なぜか。その最大理由の一つは、じつに皮肉なことであるが、宗教が人間の心に刷り込んだ罪の意識である。

もちろん、〈愛〉の人生をまっとうした宗教家も少なからずいるが、たいていの宗教家は、博愛主義を説きながら、われわれの心から〈愛〉を奪い取っている。「神」ですら、人間のあらゆる想念の凝固物として、われわれを救いに導くのではなく、より深い迷いの世界へと誘導するのである。なぜだろうか。それは、宗教が形式主義に陥っているからである。伝統的な教義や儀礼に囚われるあまり、〈愛〉を妨げているのである。禁欲主義や苦行も、たいていの場合、人間の自我意識を破るのではなく、むしろ強くしてしまい、〈愛〉の受容に貢献していない。

熱心に教会や寺院に通う信仰者は、私の主張を受け入れようとはしないだろうが、経典や儀礼に忠実であるからといって、〈愛〉を知っているわけではない。そうであるなら、世界中の寺院で毎日聖典を唱えている人々はすべて、〈愛〉にあふれているはずだ。

道徳家であることも、〈愛〉とは無関係である。むしろ、自分が道徳家であると自認する人には、〈愛〉を欠く人が多いように思われる。それは、自己を善人視することによって、他者を裁いてしまうからである。

「事々無礙法界」、つまり私がいう「無神教的コスモロジー」では、巨大なロケットから人工衛星が離脱するように、宗教から〈愛〉が独り立ちしていなくてはならない。私がいう無神教も、いかなる対象も必要としない独り立ちする〈愛〉の体験のことである。

〈愛〉の体験を得たとき、宗教が人間の脳に刷り込んだ、あらゆる幻惑を乗り越えて、われわれは魂を真の意味で自由な世界に解放させることができるのである。

宗教との戦いは、自己との戦いであり、その手ごわい相手を倒すためには、いかなる武器も無力であり、自分と自分以外のものを隔《へだ》てるすべての境界線が抜けおちた透明な意識だけが立ち向かうことができるといえよう。そのような透明な意識をどこで手に入れるのかと問われれば、それは他者から提供されたマニュアルにすがるのではなく、各人の自覚を待つよりほかない。

それにしても、人類が二十世紀をピークに隆盛をきわめた「〈力〉の文明」に執着することなく、「〈愛〉の文明」実現に向けて着実な一歩を踏み出せるかどうか、歴史の節目に立たされていることだけは、明らかである。

ピラミッドの基盤を掘り下げる

近代人は知識・財産・権力を積み上げることによって、文明というピラミッドを営々と築き上げてきた。その文明のピラミッドの思想的基盤になっているのが一神教的コスモロジーであり、そこでは熾烈な競争に勝ち抜いて、創造主である神にもっとも近い位置に立つことが、「個」の最大の栄光とされる。

近代文明の原動力となってきたのは、そのような「個」の上昇志向であり、飽くなき野心である。

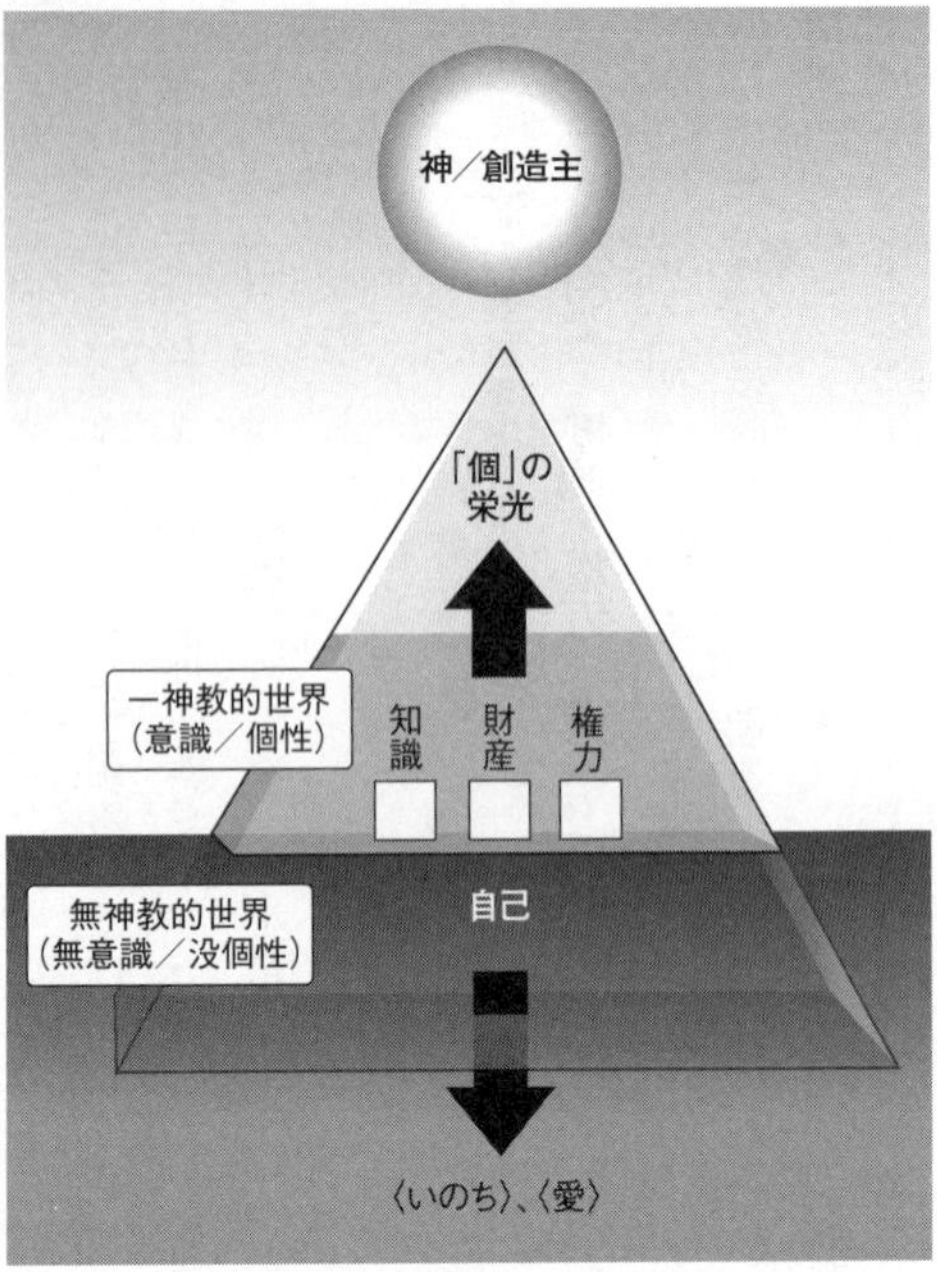

図5-1　文明のピラミッド

人間が野心をもつことはけっして悪いことではないが、おおいなる努力の結果、運よくピラミッドの頂点に立ち得たとしても、それが幸福を保証するわけではない。

　なぜなら、先細りになっているピラミッドの頂点に立つことは、「個」のプライドを満たしてくれても、いよいよ孤独感を深めることになるからである。しかも、ピラミッドの下部構造では、多くの人間が重圧に耐えながら羨望の目で、その頂点を見つめている。輝かしい栄光を勝ち取ったエリートほど孤独で不安定な生活に神経を磨り減らしてしまうのは、そのためである。

　そして、地上のピラミッドの高さだけを評価し、恵まれた立場にある「個」がその能力を競うような文明は、新たなバベルの塔と化し、崩壊の危機に直面するであろうことは、すでに警告した通りである。

　だからこそ、二十一世紀に生きるわれわれがなすべきは、もはや皮相な個性を追求することではなく、全人的な存在としての自己を掘り下げ、ピラミッドの最下層にある永遠の〈いのち〉、あるいは〈愛〉に触れることである。そのような体験に人間を導くことにこそ、宗教の本来的役割があったはずであるが、形式主義で凝り固まった宗教は、人間の自我意識を強めるばかりで、かえって〈愛〉を遠ざけてしまうことになった。

自己の掘り下げとは、まさにエックハルトのいう「放下」であり、そこでは「個」を誇るのではなく、「個」を捨てることを学ばなくてはならない。少しでも多くの知識・財産・権力を手に入れるのではなく、反対にそれを未練なく手放すことによってこそ、無限の〈愛〉の海原《うなばら》が待ち受けていることになる。無神教的世界を体験するということは、そういうことなのである。

意識的領域から無意識的領域へ自己を掘り下げていく具体的方法論を、日本人は武道や茶道などの伝統文化を通じて、辛抱強く培《つちか》ってきた。ところが今やその精神がコマーシャリズムの中で急速に失われつつあるのは、いかにも残念なことである。たんに日本文化のユニークさを宣伝するのではなく、それがもつ文明史的意義を再認識する必要があるからだ。

「青い闇」の中に見た〈愛〉

無神教とは〈愛〉の体験だと宣言する以上、そもそも〈愛〉とはなんなのかを明らかにしておかなくてはならない。抽象的議論に陥らないように、なるべく具体的な事例に沿って〈愛〉を論じてみたい。

アクアラングを用いず海に潜ることをフリーダイビングというが、その中でも重りを使用しないコンスタント種目の世界チャンピオンに、ギヨーム・ネリーというフランスの青年がいる。彼が二〇〇六年に樹立した世界記録は一〇九メートルである。

私もスキューバ・ダイビングのライセンスをもっているので、よくわかるのだが、それは超人的な記録である。アクアラングをつけていても、二十メートルを超せば、次第に増してくる水圧と急激に冷たくなる水温を全身に感じるにつれて、心理的不安が高まってくる。おまけに海面から差してくる太陽光も少なくなり、あたりが不気味な闇に包まれはじめる。

しかし、ギヨームの感覚は、それとはまったく異なる。両足を入れる一本の足ひれで、人魚のように垂直に、水中を一直線に潜っていく。水深は、ほおに伝わる水温と水圧で測るらしいが、五十メートルを過ぎると潜る努力も不要となり、肉体が一つの石のようになって自然に下へ下へと落ちていく。そのとき別世界に入っていくような感覚に包まれるそうである。

一〇九メートルの世界には、魚も見えなければ、海藻もない。あるのは、果てしない「青い闇」。そのとき、ギヨームはその闇の中に自分が投影されているように感じ、もう呼吸することさえ忘れてしまったという。まったき平和の世界。ほんの一、二秒の出来事らしいが、そこには時空を超えた満足感だけが漂っていた。

私のいう〈愛〉とは、このときギヨームが体験した「青い闇」のようなものである。そして、それこそが無神教における宗教体験と呼ぶべきものなのである。そこでは、自分と世界の間に立ちはだかる壁が完全に消えてしまっている。神という観念すら忘れ去られているのだが、一〇九メートルの海底に「青い闇」となって、〈愛〉が遍満している。

これが華厳哲学でいう「事々無礙法界」でもあり、トランスパーソナル心理学でいう「無境界」の世界でもある。自分が世界であり、世界が自分である。ギヨームという人間はたしかにそこにいるのだが、彼の自意識は消滅し、そこにあるのは、無限に広がる海のような〈愛〉である。

たとえば、熱烈に「I love you」と口にしたときも、「I」が愛した「you」が自分の期待に応えてくれないとき、しばしばそれは失望となり、さらに憎悪に発展するケースが多々ある。「可愛さあまって、憎さ百倍」というわけである。つまり、そのときの相手を純粋に愛していると思っていた「I」は、強烈なエゴの化身だったのである。

だからといって、恋愛が邪道であるといっているわけではない。異性への恋慕の情は、〈愛〉への出発点となり得る。恋することによって、人間の情感は増し、自然を見る目も変わってくる。同じ風景を見ても、輝いて見える。そのような人間的な情愛が豊かに育っていなければ、目に見ることができない神秘なるものへの敬虔な感情を抱くこともない。

ちなみに、ギヨームは海面に戻ってくるまでの苦痛についても語っている。急いで浮上すれば、潜水病にかかるわけだから、どこまでも慎重にゆっくりと上がってこなくてはならない。潜るときよりも、浮上するときのほうが、はるかに体力を消耗する。

判断を間違えば、血液中の窒素が増える潜水病にかかり、その水深からの浮上では命取りとなる。ギヨームによれば、このときの孤独感と苦しみには、筆舌に尽くしがたいものがあるそうである。

この話から私がすぐに連想したのは、仏教の菩薩のことである。菩薩とは、すでに悟りを開いた仏なのだが、あえて仏界にとどまらず、衆生済度《しゅじょうさいど》のために人間界に舞い戻ってくる魂のことである。

きっと菩薩たちも「青い闇」のような平和な仏界から、闘争に満ちた人間界に移行するとき、ギョームのような孤独感と苦しみに苛まれることがあるのに違いないと思う。それほど人間界というのは、たいへんな場所なのである。

自分が「透明なガラス」となる

ギョームは水深一〇九メートルで「青い闇」を体験したが、それと同じことを海抜八千メートルで体験した人物がいる。人類史上初の八千メートル峰全十四座を完全登頂したイタリアの登山家ラインホルト・メスナーである。

龍村仁監督の映画『地球交響曲　第一番』に紹介されているエピソードによると、彼は一九八〇年エベレストに無酸素登頂に挑んだとき、頂上を目前にクレバスに落ちてしまった。氷の山は人間を寄せつけないから、いつどこで足を滑らせてもおかしくない。通常の人間なら、それで一巻の終わりだろうが、トレーニングによって超人的体力をそなえていたメスナーは、なんとクレバスの底から這い上がってきたのである。

九死に一生を得たメスナーは、そのとき自分の存在そのものが「透明なガラス」になってしまい、自分の心の奥底まで見通すことができたという。やはり「無境界」の世界である。八千数百メートルの過酷な自然環境の中で、メスナーの自我意識が完全に壊れ、宇宙意識というようなものに溶け込んでしまったとでもいおうか。

この「透明なガラス」のような感覚こそが、ギョームが海底で体験した「青い闇」と、本質的に同等のものである。そこには山と自分、生と死のような二項対立的な視点がまったく欠落し、一つのものしかない。

それは道元禅師が「尽十方世界是一顆明珠《じんじっぽうせかいこれいっかみょうじゅ》」（『正法眼蔵』）という言葉で、みずからの禅定《ぜんじょう》体験を表現しているものと同じで、宇宙そのものが一つの透明な宝石のように輝いている心境である。

そこでも独り立ちする〈愛〉が、現前している。それは他者への感情によって左右されることのない完全なる〈愛〉である。独り立ちする〈愛〉を体験する者には、それ以上、自然で無理のない存在はないはずだが、悲しいかな、自我の殻に閉じこもろうとする人間の意識がそこにいたることをブロックしてしまうのである。

その意識のブロックを外すのは、ギョームやメスナーのような超人的な体験をもつことが唯一の方法とは思わないにしても、固い自我の殻を破ることがどうしても必要であり、けっして容易なことではない。それはちょうどロケットが大気圏から飛び出るためには、莫大なエネルギーを必要とするように、人間も自我意識を飛び出して、無辺の〈愛〉の空間に突入していくためには、相当なエネルギーがいるということだ。

とはいえ、一般市民の中にも日常生活の中で「透明なガラス」体験をもつ人たちは、年齢、性別、学歴、職種などとは無関係に意外と多い。そのような体験にいたる経緯はさまざまであるが、病苦や負債など、現象的には否定的な体験が契機となっている場合が多いようである。極度な苦痛の中で、自我の殻が剝落してしまうのだろうか。

霊的エネルギーの「膨張期」

宇宙が膨張と収縮を繰り返すように、現代は宗教の「膨張期」にあるというのが、私の持論の一つである。宗教の「収縮期」には、一握りの宗教的天才がきわめて濃厚な宗教体験をもち、新しい思想を創る。

「収縮期」として典型的なのは鎌倉初期であり、法然、親鸞、道元、日蓮のような宗教家が革新的思想を引っさげて登場し、あっというまに日本の宗教史を塗り替えた。その後、八百年以上経ても続いている仏教各派の伝統は、その余韻であるといえよう。

それとは対照的に、現代のような宗教の「膨張期」では、歴史的な有名寺院を訪ねても、本質的な宗教体験をもつ僧侶に出会うことは、ごく稀である。葬式仏教と化した日本の仏教では、税金も納めず、私腹を肥やす僧侶が多すぎる。お寺は拝観料かお布施を置いてくる場所に変わり果てている。

その一方で、特定の宗教とは直接的なかかわりをもたなくても、本質的な意識変容体験をもつ一般市民がいるのだが、中には自分が体験したことの意味がわからず、人にも打ち明けられず、かえって悩んでいる人がいるようだ。

読者にもそういう方がおられれば、わが身に起きたことに自信をもって、それを人生の軸足として位置づけていってほしい。そういう人たちには、現代という物欲の旺盛な時代に果たすべき貴重な使命が与えられているはずだ。

なぜそのようなことが起きるのか、筆者にも不明なのだが、この世に霊的なエネルギーがあるとすれば、それに収縮と膨張の周期があるように思えてならない。地球環境の気候や磁場の変化によるものかもしれないが、それを証明する材料を今はもたない。

しかも、物理学でいう質量不変の法則で、その絶対量は一定しているため、プロの宗教家の資質が低下しているときは、一般市民層の中にいる体験者の意識が高まることになる。しかし収縮ではなく膨張しているため、数多くの人々がスピリチュアルな体験をもつ代わりに、その体験の濃度が収縮期の歴史的思想家たちと同等のものとは、いえないかもしれない。

それにしても、精神の荒廃が叫ばれる日本でも、一般的な宗教的枠組みに入らない、多様な意識変容体験をもつ人々が静かに増えているという事実は、おおいに励みとなる。われわれの身近な仲間の中にも、きっと鋭い気づきをもっている人たちがいるはずであり、そのような人物との縁は大切にしたいものである。

「苦」の中にこそ導きがある

さて、エベレスト山頂のメスナーに話を戻せば、彼はそのとき、さらに不思議な体験をすることになる。クレバスから這い上がったものの、やがてあたり一面は濃い霧に包まれ、登頂を諦めざるを得ない状況になってきた。数千メートル級の高山での霧はミルクのように濃く、一歩先も見えなくなる。

極度の疲労感で氷の上に横たわっていたメスナーは、自分の横に可憐な少女が坐っていることに気づく。それが現実にはあり得ないことであることは理解するものの、「たしかにそこにいて動いている」という否定しがたい実感があった。

しかも彼女はメスナーの問いかけに対して、すべて明確に応答する。彼はその少女の誠意に満ちた言葉に従うことによって、濃霧の中、ついに登頂を果たすのである。彼は「死の地帯に踏み入ったとき、理性や五感では捉えられないものが見えてくる」と、確信をもって語っている。

明らかに一種の神秘体験であるが、深層心理学的に分析するのなら、これはおそらくメスナー自身のアニマ（理想的女性像）が、極限状況で発生した意識変容状態において、実像化したものと思われる。

紀伊の海に浮かぶ小島に恋文を書いたことで有名な明恵《みょうえ》上人（一一七三―一二三二）も、夢の中でつねに黒い子犬を見ており、実際にその姿を仏師運慶に刻ませ、愛玩していた。その可憐な子犬像は今も高山寺に保存されているが、明恵がみずからの無意識に潜んでいる〈影〉を巧みに具象化させていたのである。

原始仏教への回帰を理想としていた明恵は、異常に戒律に厳しく、余人が近寄りがたい面をもっていたが、「愛心なきは、すなわち法器にあらざる人なり」（「華厳宗祖師絵伝」）と、ほかの仏教僧がけっして口にしないようなことをいってのけている。愛する力をもたない者は、そもそも宗教に近づく資格すらないのである。

そのように、独り立ちする〈愛〉というのは、けっして薄っぺらなものでなく、抑圧される無意識裡の記憶をみずからの人格に取り込むという作業を経て、やっと成り立つものである。

強者が弱者に同情し、好意を向けるのが愛情ではない。他者の痛みをわが身の痛みとして感じるほどの一体感に裏打ちされているのが、真の〈愛〉である。そのためには自己の中の痛み、悲しみ、弱さというものから目を逸らさず、自分の中に、しっかりと取り組んでいかなければならない。

そういう観点からすれば、人間がこの世で体験する苦労、それが人間関係、金銭、病気など、どのようなことを原因としたものであっても、〈愛〉の自覚への着実な一歩であることは間違いない。

前章で触れたマイスター・エックハルトの言葉を借りるなら、その苦の中にこそ神の導きがあるのであり、われわれはそれを「悩みなき悩み」として、感謝しつつ享受していくことを学ばなくてはならない。

すべては「自己との共存」から始まる

〈愛〉は、自他の二元論の中で見出されるものではなく、愛する対象を求めず、それ自体で成立するものである。たとえば、人間が足を踏み入れることのない高原に花咲く高山植物は、誰からも鑑賞されることがなくとも、凛《りん》としてその美を湛《たた》えている。

その可憐な一輪の高山植物が花咲くためには、大地の水分と栄養、そして太陽の光が必要であるが、人間の手を借りることはまったく必要としない。しかも、高山の過酷な自然条件にも打ちひしがれることなく、健気に可憐な花を咲かせる。そのように自立した美こそが、〈愛〉の表象である。

メスナーがエベレスト山頂で遭遇した少女も、高山植物のように可憐な妖精だったと思われるが、その妖精がメスナー自身の無意識の中から誕生してきた、というところに注目したい。人間は小さな自我意識の殻を破り出ることさえできれば、いつでも自分の前に〈愛〉の大海原が広がっていることに気づくことができるのである。

その〈愛〉はどこから来るかといえば、ほかならぬ自分の中から来るといわざるを得ない。そのようなことは、仏教の如来蔵思想、グノーシス主義者のいう「霊的認識」、スーフィーの「ファナー（消滅）」などの考え方に一貫するものである。

もし他者から与えられる愛を期待しているのなら、それは独り立ちする〈愛〉ではない。自分の外にあるものへの依存があると、人間の心には期待と不安が入りまじり、期待が裏切られると嫉妬に反転し、最終的には幸福を手にすることができない。

太陽がすべての惑星に光と熱を届けることができるのは、そのエネルギーを他者から供給してもらうのではなく、自分の中から放出しているからである。地球生命が存続しているのは、独り立ちする太陽の〈愛〉のおかげである。

しかし人間である以上、愛する者が去っていった時、深い悲しみに沈むのは当然のことである。別れの悲しみの中で、世界の文学や音楽が生まれたといってもいいぐらいである。とはいっても、前章のアーミッシュの事件のところで言及したように、そのような悲しみの感情にあまりにも長く支配されるのは、自分が人間として自立していない証左である。〈愛〉は、どのような絶望からも復元力をもつ。

〈愛〉は自分の中から来るといったが、そのときの自分とは、常識でがんじがらめになった自分ではない。あらゆる思い込みと不安と恐怖から解放されている自分である。

その状態こそが、私がいう「自己との共存」である。自分が自分を全面的に受け入れているもっとも平和な状態である。異宗教、異民族、異文化との共存を訴える前に、われわれがなさなければならないのは、まさにこの「自己との共存」である。

宗教家、学者、政治家、社会運動家も、昨今、好んで「共存」という言葉を遣いはじめたが、個人的なレベルで「自己との共存」を実現している人たちは、それほど多くない。

その証拠に、少しの意見の違いから他者を頭ごなしに否定するような論争を始める。宗教を語る人が宗教からもっとも遠いところにいるという事実にも驚かされることが多いが、それと同様に平和を訴える人が、個人的な人間関係では、平和からもっとも遠いところにいることも、よくあることだ。

自分をありのまま受け入れるのは、思いのほか難しいものである。自分に都合がいいことは過大評価し、都合の悪いことは過小評価する。それが人間の性《さが》である。

もし自分がなんらかのトラウマを抱え込んでいるのなら、それを正視し、それを踏み台にし、より包容力のある自分を作っていかなくてはならない。トラウマというのは、化膿したまま放置されている古傷のことである。その古傷に消毒薬を塗りこむのには痛みがともなうが、それをしないことには化膿がひどくなるだけである。

真に強い人間とは、自分の弱さを知る人間のことである。強がりをいうのはやさしいが、どこかで馬脚が現われる。「自己との共存」とは、自分の中の弱さ、悲しみ、痛みを素直に認めた上で、自分を許し切ることである。自分を許せない者は他者を許すこともできなければ、ましてや他者との共存など、望むべくもない。

二十一世紀に輝く希望の光

人類社会の厳しい現実を前に〈愛〉の議論など、小学生の作文めいたことをいうな、という辛辣な批判が聞こえてくる気がするので、ここではその可能性を示唆する実例を二件ほどあげておきたい。

私は二〇〇六年九月にノルウェーを訪れる機会があった。平和研究で名高いオスロ平和研究所のメンバーと会い、共同研究の可能性を探るためであった。その結果「諸宗教における戦争観」という研究プロジェクトに加わるよう要請を受けることになったのだが、内容の濃いミーティングを終えて、しばらくオスロの町を散策することにした。

運よく、その晩はカルチャーデーということで、オスロ市内の公共施設がすべて無料で開放されていた。ほかのノーベル賞がすべてスウェーデンのストックホルムで授与されるのに、アルベルト・ノーベルの遺言により、なぜかノーベル平和賞だけが隣国ノルウェーの首都オスロで授与される。そのことに、かねてから興味を抱いていた私は、何はともあれ、その授賞式会場となるオスロ市庁舎に向かった。

果たして市庁舎は開放され、大理石の壁画が映える大ホールに立つことができた。案内の老婦人は、「ここで今年のノーベル賞を誰が受け取ることになるか、あと二、三週間もすれば、公表されるはずです」と誇らしげに教えてくれた。

そしていよいよ十月になって、二〇〇六年のノーベル平和賞が発表された。受賞者は、バングラデシュのムハマド・ユヌスと彼が設立したグラミン（農村）銀行であった。私はそのニュースに、二十一世紀の初頭に差し昇った希望の光を感じる思いがした。

ユヌスは、グラミン銀行を通じて、貧困層に「マイクロクレジット」と呼ばれる無担保小額融資を長年実践してきたことで知られている。バングラデシュは世界でも最貧国の一つであるが、そのような国にあって、庶民が貧困を脱するための有効な金融システムを思いつき、それを行動に移したというのは賛嘆に値する。彼がノーベル経済学賞ではなく、平和賞を獲得したことも、文明史的な意義を感じる。

その一方で、巨万の富をかかえる先進国の金融家の誰一人として、ユヌス氏のような発想をもたなかったというのは、いかにも心寂しい話でもある。反対に、富裕国の機関投資家は、その莫大な資金力を背景に途上国の為替相場や株式市場を操作し、労せずして利を得ることに躍起になっているのだから、ユヌスとはまったく次元の異なる世界に生きていることになる。

図5-2　ムハマド・ユヌス
（共同通信社提供）

ノーベル賞を勝ち取った〈愛〉の経済学

『ムハマド・ユヌス自伝』によれば、宝石商の八人兄弟の一人として生まれたユヌスは、経済的に恵まれ、アメリカで経済学を学び、博士号まで取得したのだが、帰国後に彼が目にしたものは、アメリカ流の経済学では、手の打ちようがないほど絶望的なものであった。

そして彼がアメリカから戻ってからまもなくの一九七四年、バングラデシュは大飢饉に襲われた。当時、大学の経済学部長の立場にあったユヌスは、農村地帯の実状を見て歩いた。

そのとき出会った住民の一人が、ソフィアという三人の子供をもつ女性であった。彼女は蓄えがまったくなく、毎日、高利貸しから五タカ（アメリカドル換算で一六セント）を借り受け、それで材料を買い、竹椅子を作っていた。その日のうちに、できた竹椅子を高利貸しに売ったが、手元に残るのは、五〇パイサ（一・六セント）だけであった。それでは生活できず、また高利貸しから金を借りることになる。働けども働けども、借金が増えていく。一度、借金のスパイラルに陥ると、貧しくなる一方で、そこから永遠に抜け出すことができない。

そのような状況を知ったユヌスは、思わずポケットから小銭を手渡す衝動に駆られたらしいが、一度施しをすることによって、本人がそのことに依存してしまうことを恐れた。それよりも、高利貸しなどではなく、彼らが正式なルートで必要な額を借り受けられる制度があればよいと考えたのである。そこでユヌスは、地元の複数の銀行に打診したが、いずれもそのような小額融資を、しかも読み書きのできない最下層の住人を対象にした前例がないということで断ってきた。

彼自身が保証人となることによって、数ヶ月後にようやく一つの銀行が協力してくれたが、最初から「融資した金額はぜったいに回収できない」と申し渡された。

しかし、実際にはすべての借主から全額返済があり、手ごたえを感じたユヌスは、対象となる集落を増やしたが、信用が裏切られることがなかったという。にもかかわらず、既存の銀行は先入観を拭うことをせず、融資を渋った。

そういう経緯から、彼はとうとう自分で銀行を作ることを決意したのである。一九八三年にグラミン銀行がついに設立された。この銀行がふつうの銀行と違うのは次の五つの点である。

一つ目は、行員が借り手の自宅に週ごと、月ごとに出向き、その経済状態を調べるようにした。

二つ目は、担保となる資産や土地をもたない女性を中心に貸し付ける。その背景には、南アジアでは男性があまり勤勉ではないという文化的事情があるのかもしれない。

三つ目はローンを申し込んできた人には、家族以外の同じ目的をもった人同士と五人のグループを組んでもらう。

四つ目は、一般銀行が取り合わない数十ドルから数百ドル程度の融資をする。

五つ目は、週ごとに少額ずつ返済させることによって、借り手に達成感と自信をもたせる。

このような方針で融資を続けるうちに、借り手の半数以上が貧困層から脱却した。とくに貧しい女性たちを政治的かつ社会的奴隷状態から解放し、彼女たちに生きる自信と自由を与えた功績は大である。

グラミン銀行は、九八パーセント以上の資本回収率があるというのだから、日本の大手銀行よりもはるかに業務内容が優秀である。その実績が高く評価され、マイクロクレジット方式は、ほかのアジア、アフリカ、中南米の国々にも広がっている。途上国でなくても、先進国にも貧困にあえぐ人たちが多く暮らしており、これからもマイクロクレジット・プログラムを採用する国は増えていくだろう。高い技術力をもちながら経営難に苦しむ日本の零細企業なども、この方式があれば救われるに違いない。

しかし、男性社会であるバングラデシュで、貧困層の女性を救済しようというユヌスの挑戦が、最初から評価されたわけではない。彼は、政治家や宗教家からの誹謗中傷、さらに暴力的な脅迫にさらされることになった。

そういう中で、彼はマイクロクレジットだけでなく社会的な変化も呼び起こしたいと考え、貧しい人たちに屋根のある家、衛生的トイレ、清潔な飲料水を供給しようとした。さらに子供の就学、一日三度の食事、定期健診などが実現するように取り決めを行なった。バングラデシュの農村で人々を貧困線の上に引き上げるためである。

また彼は、その専門的知識を活かして、災害などの非常事態の対策としての貯蓄制度、教育ローン、奨学金制度、年金基金制度などを次々と打ち立てた。

グラミン・フォンという携帯電話会社も設立し、貧しい農村に暮らす人々にもコミュニケーションができるようにし、いまではインターネットの普及に力を入れている。

そういう活動全体が評価されてのノーベル平和賞だったのである。多少の資金力をもつがゆえに、児童労働のような搾取的雇用などにより、少しでも利を得ようとする者が多い中で、ユヌスの実行してきたことは、まさに〈愛〉の経済学といえる。

「良心の交換」フェアトレード

ユヌスのマイクロクレジットとは、また別な方法で南北間の経済格差を少なくしようという経済活動がある。それが今では日本でもよく知られるようになったフェアトレードラベル運動（http://www.fairtrade-jp-org）である。

それは、途上国の労働力を搾取することなく、また貧困に苦しむ人たちに、たんに資金援助をするのでもなく、彼らが生産したものを適正な価格で商取引することによって、彼らが自立できるよう持続的に応援しようというものである。

一般の消費者も、なんら特別なことをすることなく、ただフェアトレードの商品を購入するだけで、貧困撲滅に一役買うことになるので、きわめて合理的な国際協力のかたちといえる。

途上国の生産者と公平な貿易をしようとする運動は、すでに一九六〇年代からヨーロッパで始まっていたらしいが、九〇年代になってフェアトレードの国際基準が設けられ、それを守って輸入された商品にラベルを貼ることになって、世界各地にマーケットが広がることになった。

現在、ヨーロッパほぼ全域、アメリカ、カナダ、日本の計二十ヶ国が、ＦＬＯ（Fair trade Labelling Organizations International）という国際ネットワーク組織に加盟している。中南米、アフリカ、アジアの五十ヶ国以上の生産者団体がフェアトレード生産者として認証され、それに合わせて多くの業者が輸入登録しているという。

日本でもフェアトレードに参加する業者が増え、スーパーでも、そのラベルが貼られた商品が見受けられるようになった。消費者も、途上国の生産者を支援するというフェアトレードの趣旨を理解して、多少割高でもラベル付き商品を選んで購入するようになったのである。

たとえば、コーヒーマーケットの場合、生産者が苦労して苗を育てて、ようやく収穫を迎えても、市場の知識や情報に疎いと、悪質な仲買人の搾取の対象となり、生産コストを下回る価格で買いたたかれてしまう。とくに途上国の小規模生産者は弱い立場に置かれ、彼らが働けば働くほど債務の罠に陥り、その結果、南北の経済格差が広がっていく。

そのような不公平な貿易を防ぐために、基準を満たした商品を世界の市場より高い価格で生産者から買い取り、前払いでかつ長期の契約を結ぼうとしているのが、フェアトレードのシステムである。コーヒーから始まり、今ではココア、砂糖、蜂蜜、バナナ、オレンジなどジュース類、スパイス、ナッツ、ワイン、ビール、綿と綿製品、切花、サッカーボールなどが、フェアトレードの対象となっている。

植民地主義が世界を席巻して以来、強い国が弱い国を政治的にも経済的にも支配する構図ができてしまったが、本来はすべての貿易がフェアトレードでなくてはならないものである。

貨幣経済が定着する以前の社会では、人々は物々交換をしていた。ウィリアム・モースの『贈与論』で指摘されているように、そのとき人々は自分が受け取った品物がもつ価値以上のものを、相手に贈与するのがならわしであった。

それによって信頼関係を築き、なんらかの危機に瀕したときも、互いに支え合う体制ができていたのである。常日頃から相手を騙《だま》したり、裏切ったりするような関係しかできていなければ、誰も援助の手を差し伸べることもなく、弱り目に祟り目ということになる。

拙著『縄文からアイヌへ——感覚的叡智の系譜』（せりか書房）にも論じたように、江戸時代においてアイヌの人たちが松前藩に代表される本州人と不利な交易を強いられたのは、彼らが度量衡を知らなかったというわけではなく、交易相手を信頼し、付加価値を添えてモノを渡すという「物々交換の思想」をもっていたからである。

いまさら貨幣経済を廃止するわけにはいかないが、「物々交換の思想」はいつでも復活できるはずだ。現にフェアトレードは、その一つの実践方法だし、それ以外にも多様なかたちがあるはずである。そのような小さな努力を長い時間をかけて積み重ねていくことによってこそ、「〈愛〉の文明」が創られていく。

どこからか救世主がやって来て、「〈愛〉にあふれた人間社会」を創ってくれるという意見があるのかもしれないが、そういう奇跡を期待することは、もうご勘弁願いたいものだ。無神教的コスモロジーとは、神仏の手を煩わせずに、人間が人間のことに責任をもつ世界のことである。

すべての人にイエスを見たマザー・テレサ

ユヌスがマイクロクレジットのために奔走していたバングラデシュの隣国、インドでも「〈愛〉の文明」構築に貢献した人物がいる。もう一人のノーベル平和賞受賞者、マザー・テレサである。この二人を見れば、飽食の国ではなく、貧困国ほど、偉大な魂を生み出すということが理解されてくる。

キリスト教の偉大なところは、彼女やシュバイツァーのように強い意志力をもって、〈愛〉の実践をする人物を輩出することだ。どのような障害物も乗り越えて、ひたすら〈愛〉の実現のために全身全霊で立ち向かう。

その点、同じインドで、ブッダガヤなどに巨大な寺院を建てて何かを成し遂げたような気になっている日本仏教各派の思考停止ぶりには、唖然とするばかりである。ブッダは、イエスのように亡くなって三日後に復活して来なかったが、今日のぶざまなブッダガヤの光景を目にしないためにも、ずっと涅槃《ねはん》に入っておられたほうがよいだろう。

無意味なハコモノに使う莫大な資金力を、貧困層が自立するためのプログラムなどに注ぎ込むことに、思いをいたさなかった日本の仏教僧の見識を疑ってしまう。

それにしても僧侶がハコモノ好きなのは、古今東西に一貫した現象である。巨大な教会、モスク、寺院を仰ぎ見るたびに、そのために布施を強いられた貧しい庶民のことを考えてしまう。次世代の宗教は、ハードではなく、ソフトで勝負してほしいものだ。

さて、私がマザー・テレサを賞賛してやまないのは、彼女がいちばん弱い立場にある人々に、〈愛〉を振り向けたからではない。そうではなく、彼女がどれだけ利他的行為に専心したとしても、その行為を通じて、相手をキリスト教に回心させようとしなかったことである。彼女は、すべての人間にイエスを見ていたからこそ、宣教の必要を感じなかったのだが、そこにこそ真の信仰者の毅然たる態度がある。

法華経に、すべての人に仏性を見、自分に対して相手がどのような態度を見せようと、ひたすら手を合わせていく常不軽菩薩《じょうふきょうぼさつ》の話があるが、マザー・テレサもカルカッタの常不軽菩薩として、すべての人にイエスを見ていたのである。

だから、彼女は路上で死にゆく人々を見出しては、自分の家に連れてきて、モノではなく、ありたっけのココロで介抱したのである。そこには、布教や回心といった意図的な動機が、まったく介入していない。

私もほんの三日間ほど、友人の医師らとカルカッタの「死を待つ人の家」でボランティアをさせてもらったことがある。路上で長期間寝そべっていたために、皮膚が腐ったり、車に撥《は》ねられ負傷したりしたことが原因で、その傷口に無数のうじ虫が湧いている人が多かった。足首が壊疽《えそ》で真っ黒になり、骨まで見える患者もいる。修道女やボランティアは、泣き叫ぶ患者を押さえながら、傷口を消毒し、毎日孵化《ふか》してくる小さなうじ虫を一匹ずつピンセットで取り出していく作業を繰り返す。通常の神経では卒倒しそうな光景である。精神に異常をきたし、糞尿を垂れ流す人もいる。〈愛〉の実践は、綺麗ごとでは済まされない。

そのような独り立ちする〈愛〉の行為の前には、キリスト教や仏教の違いを論じることが無意味に映る。宗教は自己防衛のための壁を必要としない。宗教は、宗教を超えてこそ、宗教たり得るのである。

お前は一箇の非神である神を、一箇の非霊、非人格、非像である神を愛さなければならない。更に、一切の二元性から離れて一箇の純粋透明な一であるそのような神を愛さなければならない。そして、この一のうちでわれわれは永遠に無から無へと沈み行かなければならないのである。(『エックハルト』、四八四－四八五頁)

「無から無へと沈み」行くような自己否定を経ない宗教は、人間の想念が作り上げた幻想に過ぎず、あたかも太陽のまばゆい光をさえぎる暗雲のごとく、神の〈愛〉の障りとしかなっていないのではなかろうか。

「祈り」は宗教に勝る

祈りは喜びです。祈りは神の愛の輝きです。祈りは永遠の幸せの希望です。祈りは、あなたや私に向けられた神の愛の燃える炎です。お互いに、一緒に祈りましょう。これこそが、互いに愛し合う最もすばらしい方法なのです。（『マザー・テレサ　日々のことば』、六一頁）

マザー・テレサが生き抜いた八十七年という歳月は、祈りの生涯であった。おそらく彼女には、八十七年という時間の感覚がなく、一つの祈りを祈りつづけていたという記憶しかなかったにちがいない。それは〈愛〉に飢える人たちに、〈愛〉の手を差し伸べたいという祈りであった。その祈りの中で〈愛〉の手を差し伸べるのもキリストだとしたら、その手を握り返すのもキリストであった。

実際にカルカッタのマザーハウスを訪れてみると、毎朝六時に全修道女が集まり、ミサを開いている。欧米の立派な教会で整然と営まれるミサとは異なり、マザーハウス本部の粗末な二階の部屋には、カルカッタの朝の喧騒が窓から流れ込んでくる。徹夜で病人の介護をしていたのか、いかにも眠たそうにしている修道女もいる。それでも、一日の労働の前に捧げられる祈りの姿は美しい。

人間が人間たる尊厳は、祈りの心にある。動植物は神（自然）と一体になっているので、祈りを必要としない。神と分離してしまった人間のみが、それへの回帰を願うがゆえに、祈りの心をもつ。そして、祈りの中で「互いに愛し合う」ことを学んでいく。人類は宗教を未練なく捨ててもよいが、祈りを捨ててはならない。祈りの基盤にあるのは、人間の悲しみである。この世のあらゆる悲しみを感じ取る感受性が、祈りを生む。

救われた者として、哀れな者のために祈るのではない。人類社会にたった一つの悲劇でも存在するかぎり、この世に救われた者などいないのである。互いに救われない者として、地球と地球上のあらゆる生命の平安を祈るしかない。

地球が危機に向かって突進するのを回避するためには、人間同士が、よくよく話し合い、智慧を出し合わなければならないが、そこに不可欠なのは祈りの心である。

図5-3　マザー・テレサ
（毎日新聞社提供）

フォトジャーナリストの祈り

目先のことに追われ、祈りの心を忘れているのが、たいていの現代人だが、私がそのことをいちばん強く感じるのは、宗教者が集まったときである。

あちこちで「文明間の対話」や「宗教間の対

話」を謳った国際会議が開催されており、私自身もそのような会議に、しばしば参加することがある。一宗教学者として、そういった舞台で発言の機会が与えられるのは光栄なことと思っている。しかし立派な会議のテーマとは裏腹に、主催者や参加者の間に、真摯な祈りの心が感じられることは、稀である。

そんなとき、ある会議でフォトジャーナリストとして、また「Days Japan」という報道写真誌の編集者として著名な広河隆一にお目にかかったことがある。すぐ私の横の席に坐っておられたので、ほかの参加者のまくし立てるような発言を前にして、どこか居心地が悪そうにしておられるのが、見て取れた。広河隆一はどこか朴訥《ぼくとつ》としていて、けっして多弁な人ではない。

しかし、彼に発言の番が回ってきたとき、彼は自分が話すのは苦手であると断った上で、スクリーンに「Days Japan」誌に掲載された写真数葉を映し出されたのである。

それは米軍の爆撃の犠牲になったイラクの子供たちの写真であった。本書の表紙に掲載した写真に見るように、子供を失ったに違いない若い母親の、果てしなく虚ろな顔も映し出された。中でも、ショッキングなのは、イラクの商都バスラで、アメリカのクラスター爆弾を受け、体がボロ切れのようになった息子を抱きかかえる父親の写真であった。その一枚だけでも、日本も背後から支援しているこの戦争の意味を考えさせるのに十分であった。

フォトジャーナリストたちが死の危険にわが身をさらしながら撮影してきた写真の迫力もさることながら、私は広河の態度そのものに、深く心動かされるものがあった。

この人は、人間の悲しみを知っている。あらゆる国を駆け巡り、紛争、災害、公害、疾病などで苦しむ無数の人間に直接触れてきた人物だけが知る悲しみの深さ。その悲しみは、民族や国家を超えた人間そのものの悲しみである。

たしかに映し出された写真には、暴力行為に走る加害者への怒りがあるが、その怒りの向こうには、そのような蛮行をやってのける人間という生き物への悲しみがある。そしてさらに、その悲しみの底にあるのは、誰もが凡庸に生きられることへの願い、ささやかな幸せへの祈りである。

広河は宗教家でも学者でもない。しかし、彼はその会場にいる誰よりも深く人間の悲しみを知り、その悲しみが止む日があることを、言葉ではなく、身体で祈っている。そこにあるのは、祈りという名の宗教である。

図5-4　クラスター爆弾で傷付いた息子を抱く父親（AP Images 提供）

専門家がどれだけアカデミックな議論をしようとも、その基盤には人間が犯してきた過ちへの痛みをともなった反省がなければならない。そこに平和を希求する祈りの心が生まれてくる。

とくに日本の宗教団体は、海外から著名人を招いて宗教者会議を華々しく開くのが好きだが、そこから社会的インパクトをもつだけの新しい思潮が生まれてきたというのは、寡聞にして知らない。

会議主催者の意向を汲んで、「めでたく

異宗教間の対話推進という結論で意見が一致した」という閉会の辞で終わることになるが、相変わらず中東のユダヤ教徒とイスラム教徒は反目し合っているし、イラクではイスラム教徒同士がスンニー派とシーア派に別れて、殺し合っている。

会議で高踏的な議論をするよりも、広河のように、紛争に巻き込まれた人間の悲しみを少しでも感じる時間をもうけ、そこで自分たちに何ができるのかを考えたほうが、よほど意味があるのではなかろうか。平和は祈り以外の方法で、手繰り寄せることができないように思う。

広河の写真を見ているうちに、水俣病の患者のことが思い出されて来た。映像作品『海霊の宮』の中で、石牟礼道子は次のように語っている。

水俣の患者さんは、毎日祈らずには今日を生きてはいけない。「何に対して祈られますか」ってお尋ねしてみると、人間の罪に対して祈るとおっしゃるんですよ。我が身の罪に対して、人間の罪に対して祈ります、毎日。あの方々、一切、心身共に苦悩の中におられます。壮絶に苦闘しておられるわけですから、チッソの罪とか、政府の罪とか、市民の罪とかおっしゃらない。人間の罪、我が身の罪に対して祈るっていうことをおっしゃるのは、人間たちの罪を、自分たちの罪を、今自分たちが引き受けているとお思いになるんでしょう、と思うんですね。あの人たちの精神の位が高いというか深いというか、純粋ですね。

ここにも、底なき人間の悲しみを知る人間の祈りがある。誰も受け止めたくない大きな不幸を一身に受け止めた人が、「自己との共存」を実現してしまっている。そこにあるのは、神仏に依存することのない新しい宗教の姿であるといってもよい。無神教とは、祈りの宗教のことであるといっても過言ではない。

崩壊する家庭を支えるもの

祈りの心が必要なのは、紛争地だけではない。それが、今いちばん求められているのは、われわれの家庭ではないか。私は講演の後などに、ときどき身の上相談をもちかけられることがある。お話を聞いていると、平成日本は戦争のない平和な国でありながら、家庭内にあまりにも多くの不幸が存在するたいへんな時代にあることが見えてくる。

その多くは、いわゆるロスト・ジェネレーションといわれる二十代から三十代の若者による引きこもりや家庭内暴力である。本来なら眩《まばゆ》いほど生命力が輝き、自分の志す道に向かって邁進しているはずの世代である。その人たちの体力も気力も萎《な》えてしまっているのだ。

一例をあげてみよう。九州に暮らすA家では二十代の長男が定職につかず、家からアルバイトに通っている。ある日、彼はガールフレンドであるB子を家に連れて来て、一緒に暮らしたいといいはじめた。親はそれを黙認したが、やがてそのB子が、以前からリストカットを繰り返していたことが判明した。

A家に住み込むようになってからも、B子はすぐにパニック状態になり、トイレに駆け込んではリストカットをするようになった。腕は痛々しい傷だらけで、見るのもおぞましいほどであった。

両親は、長男にB子を実家に連れ戻すように勧めた。しかし、話を聞けば、B子の両親は彼女の幼いときに離婚しており、母親の再婚相手である義理の父親から、たびたび性的虐待を受けていた。そのトラウマが、リストカットというかたちで現われているのだった。A家の母親は、B子の母親とも会ったが、彼女ですらB子には家に戻ってきてほしくないという。そのような状況から、家庭内における長男とB子の同棲が続いた。しかし頻繁に繰り返されるリストカットなどの異常な雰囲気が家庭内に充満し、やがてA家の小学生の長女が視力障害を訴えるようになった。医者に連れて行くと、眼球に問題があるわけでなく、精神的なストレスから来る症状であると診断された。

しかも高校生の次男までが、最近になって同性愛にはまっていることが発覚した。同性愛そのものの是非はともかく、問題はその次男が、同性愛者の中年男性から金銭を受け取り、いわゆる援助交際をしていることまでが明らかになってきた。それを知るのは、A家の母だけであり、父は知らない。彼女は夫が逆上することを恐れて、その事実を伝えないままでいる。

私は、このような相談をもちかけられて、言葉を失った。その女性は、背負い込んだ心労の大きさから、いかにも体調がすぐれないようだった。もし、母として子供たちを支えなくてはならないという責任感がなければ、みずからが寝込むか、命を絶ちたいと思うこともあるのではなかろうか。

大なり小なり、A家と似たような状況にある家庭は、全国に何十万もあるにちがいない。

そういう家庭の修羅場に対して、私が有効な解決策をもち合わせているわけではない。同じ家庭人として、悲しみを共有するだけである。

ただ、一つ共通して感じるのは、父親の不在である。どの家庭でも、父親が問題に正面から向き合っていない。見て見ぬふりをするか、感情的になって怒鳴りちらすかのどちらかである。

私は子供の問題は、おおよそ親の「心の裏側」に原因があると考えている。親の無意識裡にある「影」が子供に投影されてしまっている。親が本音を偽り、建前で生きようとすればするほど、その反動は大きい。抑圧された本音の部分を子供、とくに心優しく、精神的に弱い子供が現実化してしまうのである。

かといって、私は親を責めているわけではない。その親も、どのようなペルソナ（仮面）を被っていようが、本音を出し切れない弱い人間なのである。

祈りの力を信じよう

もし家族の誰かが、これではいけない、なんとかしなくてはいけないと思ったとき、その人に最初に課せられた仕事は、祈りである。現実的にはカウンセリングなどの行動を取ることになると思うが、真摯な祈りがすべてを動かしていくのである。

家族の誰かを責めても、何も始まらない。家族間で対立するのではなく、言葉にする以前の深い祈りが、こじれた感情を解きほぐしていく。そういう意味では、祈りは勇気のいることである。絶望的な状況にありながら、不幸を撥ね返し、幸福な家庭へと反転していくかどうかは、祈りの力次第である。

今、「千の風になって」という歌が全国的に愛唱されている。亡くなった人が、死んでなんかいなくて、風になって大空を駆け巡っているという歌詞が、人の心を強く打つ。身近な人を亡くした人にとって、大きな励みにもなっている。しかし私は、あの歌を拡大解釈して、死者の霊だけではなく、生きている人間の祈りこそ、「千の風になって」、世の中を変えていくと考えたい。

自分の悲運を嘆くばかりで、不幸な人生を送りつづけるのは、自分自身に対して、あまりにも失礼である。現在、どれだけ悲惨な状況にあろうとも、祈りの力で復活してくるところに、人間が人間として生きる尊厳があるように思う。

不幸は実在するのではなく、人間が深い〈愛〉を生み出すための陣痛促進剤なのである。

地球も祈りの心をもつ

先に述べた「自己との共存」をもっとも完成したかたちで実現しているのは、じつは人間ではなく、地球である。地球が誕生して四十六億年経っているらしいが、その間、地球は氷河期や大規模な火山爆発を経験しながらも、その生命を存続させている。大きな隕石《いんせき》が何度もぶつかっても破裂することなく、その衝撃を吸収しながら、もちこたえているのは、たいしたものである。科学的に説明がつくのかどうかは別として、おそらく地球はかなり柔らかくできているのだろう。

地球が「自己との共存」をしていなければ、人類を含めて、一切の生物が一瞬たりとも存在し得ない。ほんの少しばかり大気圏の温度が上がっても下がっても、あるいは酸素の濃度が変わっても、われわれは、たちまち息絶えることになる。

最近注目されている温暖化現象でも、百年後に温度がほんの二度だけ上がることが予測され、それが地球環境に重大な結果をもたらすことへの危機感である。

ジェームズ・ラブロックの「ガイア思想」は、「地球とは一つの巨大な生命体である」という考え方であるが、その理由は、地球が大気や温度などを一定条件に保持して来たのは、ホメオタシス（恒常性維持機能）をもつからだとする。

私は「ガイア思想」から、さらに一歩踏み込んで、地球を「〈愛〉の生命体」と見るべきだと思う。ニーチェの格言の一つに、「地球は皮膚をもっている。そしてその皮膚はさまざまな病気をもっている。その病気の一つが人間である」（『ツァラトゥストラはかく語りき』）とあるが、その皮膚病のような人間をも地球は許し、受け入れている。

地球は、つねに見返りのない〈愛〉で、地表にあるすべての生物を支えているのであり、片時も休むことなく自転しながら、太陽の周りを公転していてくれている。そのおかげで昼夜の区別と四季の移り変わりがあり、われわれは、いつ息絶えてもおかしくない生命を今日も享受しているわけである。地球は「〈愛〉の生命体」であるどころか、祈りの心さえもっているのかもしれない。

そしてその地球も、太陽の無償の〈愛〉を受けている。その〈愛〉は、光と熱というかたちで、約一億五千万キロメートルという信じられないような距離を越えて、確実に地球に届けられている。太陽という宇宙親から無償の〈愛〉を受けた地球は、地表にうごめくあらゆる生命にその〈愛〉を惜しみなく分かち与えている。

さらにその〈愛〉は血液となって、生物の肉体の隅々まで見事に行き渡っている。人間の小さな心臓が、二十四時間に送り出す血液の量は八トンである。それが微細な毛細血管を通じて、全身の隅々まで送り届けられているのであり、ほんの数十秒でも、その営みが止まると、細胞組織は壊死する。私はいつか横浜で開かれた「人体展」を見たことがあるが、展示されていた血管網の標本の前で、思わず固唾《かたず》を呑んだ。真っ赤な血管がつま先から頭のてっぺんまで、蜘蛛の巣のように張りめぐらされている。太陽の光は血液となって、確実に細胞の一つひとつに配給されている。この見事な血管網をもつ人体こそが、いかなる宗教も寄せつけることのない〈愛〉の曼荼羅である。

銀河系、太陽系、地球を経て送り届けられる「〈愛〉の宅急便」は、血液となって、今この文章をお読みになっている読者の眼球にも大脳にも駆け巡っている。そしてその事実は、信仰や学歴の有無にかかわることがなく、すべての人に平等に起きている。

そのように〈愛〉を中心に回っている地球の上で、人類が権力と欲望を機軸にした文明を築こうとするのは、いかにも傲慢なことだ。どうやら「バベルの塔」を築きたくなるのは人類の本能なのかもしれないが、必ず崩壊することがわかっているような文明は、やはり築かないほうがいい。

文明というハードウェアを、人間の欲望というウイルスに感染したソフトウェアで動かしつづけていると、まもなくそれがブレイクダウンするのは、目に見えている。先進国に発生した物欲ウイルスは、今や中国をはじめとする発展途上国に感染し、急速に近代文明を蝕《むしば》みはじめている。

しかし、人間が欲望を抱くのが悪いわけではない。問題は、欲望の使い方を誤ることである。石炭は手にすれば真っ黒に汚れるし、煮ても焼いても喰えない代物であるが、蒸気機関車の釜に放り込まれればすごいエネルギーとなって、人類文明という「銀河鉄道」の列車を引っ張っていくことができる。政治も経済も教育も、どこまで〈愛〉を機軸に動かしていけるのか、そこに人類の命運がかかっている。

第六章●ヒロシマはキリストである

原爆被災の生き地獄の中で

「〈愛〉の文明」を論じようというのなら、その前にやるべき仕事がある。それは人類の歴史の影の部分を、正面から見据えることである。でなければ、その議論は皮相なものになってしまう。

近代人が体験したもっとも深刻な影といえば、広島と長崎における原爆を挙げざるを得ない。核兵器が大量生産されるようになった今日だが、それが実際に投下され、生き地獄を体験したのは、その二つの都市の住民だけである。

しかも、広島は安芸門徒で名高い念仏信仰のメッカであり、長崎はカトリック信者の多い土地であり、両者ともに日本では珍しい宗教都市であったといえる。そのような宗教都市に、キリスト教精神で戦争を遂行していたアメリカが、けっして使用してはならない原爆を投下することになったのは、なんという歴史の皮肉であろうか。信仰ある者が、信仰ある者を殺めたのである。

昭和二十年八月六日、広島上空で原子爆弾の火球が炸裂したとき、爆心地の地表面の温度は、なんと三〜四千度になったという。そこへ放射線をおびた熱線が四方へ放射したために、超高圧の爆風を起こし、被害を何倍にも大きくすることになった。

そのとき、地上で何が起きたのか、現場を体験した者にしかわからないが、二百八十四名の被爆者の声を集めたCD『ヒロシマ　ナガサキ　私たちは忘れない』（被爆者の声を記録する会編）を聞いてみると、その惨状の片鱗が伺える。妻と被爆した当時、三十三歳の男性の声である。

もう焼け爛れた、オバケの様な避難者の群れで、その公園が一杯なんですよね。この大きな桜の幹のそばに、まだ年若い母親が、乳飲み子を抱いて、お乳を飲ましている。ところがその母親は、年若い母親は、もう既に死んでいるんですがね、この乳飲み児は、母の死も知らないで、無心に死んだ母の乳房をしゃぶっている。

暫く、二人で待っていたところがですね、私の前に一人の男が立ちはだかったんですね。私、キヨシ、と申しますが「おい、キヨシじゃないか?」と、私の名前を呼んでくれたものですから、初めて父親だってわかったんです。

一目でわからないんですよね。父親、もう素っ裸で、それこそ頭のテッペンから足まで全部焼いてしまってるんですよ。顔はですね、もう腫れあがってますしね、まるで目が糸を引いた様なんです。唇はブタのくちびるの様に腫れあがってるし、睾丸は腫れあがってる。

ところが父親は、そんな自分の身体に気が付かないで、私共夫婦が焼け爛れた身体を見て、心配してくれたんです。「お前はヒドイ事になってるやないか!」という事で、兎に角、お前等に会えてワシは安心した……。

この人は、体はオバケのように焼けただれても、生きて父と再会できただけでも幸運だったのかもしれない。ほんの少し前まで、おだやかな市民生活を送っていた人々が、奈落の底に突き落とされることになった。もう一人、当時二十九歳の男性の声にも耳を傾けてみよう。

もー、死んだ人の転げとる、転げとる。その人はもういっぱい……這いよってですな。ところが、「助けてくれ」「助けてくれ」言うばってん、こっちも自分のことがアレやし。そりゃ一人や二人こうしたっちゃ（助けても）どっちにつかんと。

その間を、こう堰切ってですね、その間にそのー、水槽があったでしょう。それに飛び込んどるんですね。もう、それ、かぁーって手曲げて、頭上げ、黒こげで、こう浮いとるです。それがもう、水槽、あらゆる水槽にですね、それこそ五人、七人、十人ちゅうように飛び込んじゃもう、黒こげになったままで死んどる。それこそ形相なもんですなぁ。その姿たるや、もう虚空をつかんでですね。とにかくもう話にならん。

川下、川上、それこそああた、川の淵に寝とる人、それがもう「助けて」「助けて」て言うばってん、赤剥けになった、芋虫のごとこげんしよるばってん。それを助けるような、とにかく一人や二人どうこうしたってしょうがないんだから、一杯だから。

このような耳を塞ぎたくなるような回想が延々と続く。ニーチェが「錯乱は個人の場合には例外であるが、国体・党派・民族・時代の場合には通例である」（『善悪の彼岸』）といった通り、原爆は

「集団・民族・時代」の錯乱として、二十世紀の中間点で実行に移された。そして、その錯乱は今も厳然として存在しており、二十一世紀のどこかの時点で繰り返される可能性は低くない。

〈愛〉の十字架についた人々

ここから、ごく個人的な話になる。私は東京を離れて、わざわざ広島に居を移すことの理由を自分でも理解できない面があった。もちろん現実には、広島大学から平和科学研究プロジェクトを立ち上げたり、文明共存論を担当したりするように要請があったわけだが、収入その他の打算的計算をするかぎり、五十代半ばで地方の国立大学に移籍することの意味は、あまりなかった。

しかし、心のどこかで「今こそ広島に行くべきだ」という声がしたのである。私は十四歳で家出をしたときも、三十四歳で寺を去り、渡米したときも、そのような内面からの声を聞き、ほぼ衝動的に行動してきた。今回もそれと同様であるが、合理的には説明し切れるものではなかった。

そのような疑問を心の片隅にもちながら広島にやって来たある日、友人から広島市内のレストランに招かれたことがあった。食事が終わってホテルへの帰途、遠目からも人気のない平和公園に平和の灯火がともされているのを見て、無性に足を運びたくなった。

原爆慰霊碑の前で手を合わせているうちに、ごく自然に念仏の声が腹の底から湧き出てきた。自分でも驚くほど大きな声で、ナムアミダブツと三度唱えているうちに、「ヒロシマはキリストである」という確信のようなものが、私の心に芽生えたのである。

しかし、自分でもそれが何を意味するのか不明であり、しばらく時間をかけて、思考を整理する必要があった。それは、原爆で命を失った二十数万人の魂が、みずからキリストとして、十字架についたということであった。原爆という痛々しい十字架上で、彼らが贖《あがな》ってくれたのは、ほかならぬ人類の罪であった。

もちろん、まったく同じことがナガサキの被爆者についてもいえる。戦争に突入した日本も大きな過ちを犯したが、二つの宗教都市の住民が、「エリ、エリ、レマ、サバクタニ（わが神、わが神、なぜわたしをお見捨てになったのですか）」という叫び声をあげながら、極限的な苦痛の中で命果てることによって償ってくれたのは、日本という国の責任をはるかに超えて、もっと大きな人類の罪である。

そこにも、犯しがたい尊厳をもった〈愛〉のかたちがある。彼らが被爆の苦痛の中で流した涙は、地球の涙でもあった。人間の業によって汚された地球が、彼らが流した血の涙によって浄化されたのである。

そのことを理論的にでも感情的にでもなく、どこまでも自省的に現代日本人は理解する必要がある。ごく最近まで、原水爆禁止日本協議会と原水爆禁止日本国民会議が政治的な立場の違いから反目しあい、別行動を取っていた。被爆者の苦しみと、キリスト的な受難の意味を真に理解するのなら、それは生き残った者がけっしてしてはならない冒瀆《ぼうとく》的行為であった。

自我の存在を根底から突き崩すほどの悲しみを知らない者は、もっともらしく社会正義を語り得ても、〈愛〉を理解することも、実践することもできない。祈りの心を欠いた政治運動は、騒乱の一形態と判断せざるを得ない。

いつからか、非核三原則が有名無実になりつつあるが、それではキリストとなって昇天していった被爆者たちを裏切ることになる。またときどき、核保有国によって行なわれる原爆地下実験などは、実害がなさそうで、地球に決定的な打撃を与えている。

放射能は見えないところで土地と水を汚染し、それがやがて地球上の生命を脅かすことになる。そういうことも科学的データにもとづいて、国際社会に声高に訴えていく責任が日本にある。

もし将来、地球のどこかで再び原爆が使用されるとき、人類がもちこたえることができるかどうかは、はなはだ疑問であるが、そのときも必ず「正義」の名において、それが投下されるはずである。

そして、その「正義」を裏づけするのが、「宗教」である。そのような錯誤の「宗教」に人類の叡智が勝つことができるのかどうか、それはわれわれ一人ひとりの、今日という日の生き方にかかっている。

地球はもう耐え切れない

原爆だけではない。人間がわがまま放題の生き方をするうちに、地球がボロボロになってしまった。われわれは自分たちの生活を快適にしようと、ほかの生物のことなど思いやることもなく、海を埋め尽くし、山を燃やし尽くし、川を汚染し尽くした。

しかし一度破壊した自然は、そう簡単には元に戻らない。機械の力は、自然の破壊には向いていても、その回復にはまったく無力である。科学的データが、地球環境の危機的状況を数値で示してくれるのを待つまでもない。自分たちの町にある海も池も川も、もはや昔のように清らかなものではない。

子供のころに喉が渇けば、水道の蛇口からジャージャーと流れる水を飲んでいた世代の人は、ペットボトルに入った飲料水を毎週スーパーに行って買わなくてはならないなど想像もしなかったはずである。そのように用心したところで、われわれの多くが、すでにガンなどの深刻な病にかかり、命を縮めている。

人間だけではない。私はいつもアフリカのゴリラたちの高い知性に感動しているが、彼らはエボラ熱で全滅の危機にさらされている。ゴリラ崇拝者の私には、霊性的には人間より進化しているかもしれない彼らが身を呈して、人類に警告のシグナルを送ってくれているように思えてならない。

あまり報道されることはないが、世界各地で恐ろしい数の奇形の魚や動物たちが生まれている。そして、美しい森林が酸性雨で次々と枯れていく。ぜんぶ人間の営みが招いたことである。

環境だけではない。世界各地の戦争や紛争も止む気配はない。原爆は使えなくても、劣化ウラン爆弾は大量に使われており、不気味な静かさの中で被爆者が確実に増えている。経済的利用価値の少ないアフリカのスーダンでは、列強が見て見ぬふりをしているために、大規模な虐殺が進行中である。西側のメディアは、ほとんどそのことを報道しようとしない。ＩＴ革命と呼ばれる時代の情報も、その内容はきわめて偏向したものだ。

人間の心もボロボロ

地球もボロボロだが、人間の心もボロボロである。豊かな生活に恵まれている先進国で精神疾患が蔓延し、連続殺人や乱射事件など異常な犯罪が頻発するようになった。それどころか、国家が組織的な犯罪を主導している国も存在する。

かろうじて平和を享受している日本でも、人々は疲れている。日々の慌《あわただ》しさの中で、砂を噛むような生活の味気なさに、「心身ともに疲れ果てた」と溜め息まじりに愚痴をこぼしているうちはまだましで、あまりにも多くの人がみずからの命を絶つ。

東京では同じ日の同じ時間帯に複数の人が電車に飛び込んだりする不気味な共時性が、しばしば起きている。日本よりはるかに失業率が高く、家族が飢えに苦しんでいる国でも、自殺など、そうざらにあるものではない。

しかも、東京は先進国の大都市の中で、もっともダイナミックかつ安全な町の一つである。そこで悲劇が立てつづけに起きるのは、現代日本人の心が病んでいるからだ。いうまでもなく、自殺は奇跡の惑星・地球上に生かされている奇跡の生物・人間が、いちばんやってはいけないことである。

茶の間のテレビをつけると、これでもかこれでもかとばかりに暗いニュースが耳目に飛び込んでくる。うんざりして手元の新聞を開けば、今、テレビで見たばかりの暗いニュースがさらに詳しく報道されている。

情報ハイウェイのおかげで、本来なら知らなくてもいい他人の不幸が、次から次と目の前に置かれていく。これだけ隅々まで情報化された社会に生きているかぎり、悲観主義に陥らないほうがおかしいぐらいだ。そのような未来への希望のない社会に漂う無気力感にもっとも敏感に反応するのは子供たちであり、イジメや引きこもりも一向に止まる兆しがない。

このような暗いニュースがやがて世を覆い尽くし、聖書に予言されているような終末が、人類の近未来に差し迫っているのかもしれない。そのような先行きの見えない不安感に苛まれながら、今日という日をやりくりしているのが、おおかたの人間である。

神話力という地下水脈

ところで、自分の国のアイデンティティを確認したければ、古代神話について学ばなければならない。神話といえば、古代人が作った絵空事のように考えている人がいるようだが、そんな軽々しいものではない。いずれの文化の基層にも神話があり、時空を超えて、その文化圏に生きる人間の思考構造を形成している。

日本では珍しいスケールの大きい国文学者である中西進は、神話の時空を超える力のことを「神話力」と呼んだ。日本人の場合は、『古事記』や『日本書紀』を読んだことがなくても、そこに描かれている物語は「神話力」となって、われわれのメンタリティーに影響を及ぼしている。

記紀神話に登場してくる神々は、素朴なアニミズムに由来するものであり、その原型はすべて自然現象や動植物にある。したがって、日本人は神が人間から超絶した存在であるとか、抽象的な至高の真理であるというふうには考えることがない。

日本人の宗教感情では、神と人間は同じ地平に立っている。だからこそ、われわれは神様を人間のように捉え、食べ物やお酒を捧げようとするし、賽銭と引き換えに現世利益的なお祈りをするわけだ。

さらにスサノオが高天原でさんざん羽目を外し、根の国に追放されるとき、その決定はアマテラス一人がするのではなく、「神々が集い、合議した」と記されている。このことからも日本社会におけるリーダーシップの原型が、異なるグループのまとめ役、仲介役的なものにあることが理解されてくる。

それには、個人の意志的な能動的行為を抑制してしまう受け身の文化を形成してきたという面もある。その結果、横並び社会ができ、なんらかの問題が目前に起きていても、みずから行動を起こそうとしない人間集団を作ってしまったわけである。

当然そのような社会では、絶対的な権力が一点に集中するワンマン的なリーダーシップは、敬遠される。歴史上には織田信長のように、異色のリーダーが稀に登場してくるが、長くは続かない。信長を殺したのは、明智光秀というよりも、多神教的日本社会の風土なのである。信長をテーマにした小説やドラマは人気を博するが、現実に彼のようなリーダーが出てくれば、国民は押さえ込もうとするだろう。

そのことは、日本の総理大臣からPTA会長まで、組織の長をしている人たちが、どのような職務を期待されているか、少し頭をめぐらしてみるだけですぐに納得できるはずだ。アマテラス的リーダーなら歓迎されるが、スサノオ的なら、たちどころに「根の国」に失脚する仕組みができている。

私がアメリカの大学で教科書として使っていたアイバン・モリスの『挫折の美学（Nobility of Failure）』という本では、ヤマトタケルから大塩平八郎までの伝記を綴り、栄光の極みで挫折する人物を英雄視するのが、日本人の英雄崇拝のパターンであると結論されている。それらの英雄は強い個性と行動力をもつがゆえに、一時的に大衆をひきつけるが、多神教的コスモロジーの中では坐りが悪いために、必ずつまずく運命をたどることになる。

このように古代と現代の間には「神話力」という地下水脈が、絶え間なく流れつづけているのであり、自分の国のアイデンティティを確認するためには、神話について知ることは不可欠といえる。

愛国心教育に熱心な文部科学省だが、国家主義とは結びつかないように用心しながら、物語としての記紀神話をカリキュラムに取り入れることを検討すべきだ。自国文化の基本形を理解しないかぎり、国際人など生まれてこようはずもないからである。

悪魔のいない国の素晴らしさ

神話学の観点から見れば、日本文化が誇るべき美徳が一つある。それは日本の神話に、いわゆる悪魔がいないことである。あえて探せば、毎年、乙女を一人ずつさらっていったヤマタノオロチぐらいである。とはいっても、スサノオがオロチを退治したときに、その尻尾から出て来た「草薙の剣」は、三種の神器の一つとして熱田神宮のご神体となっている。ヤマタノオロチが正真正銘の悪玉だったとしたら、そういう伝承は生まれなかったはずである。

神話ではなく民話には、鬼、天狗、山姥などが存在するが、彼らは社会を攪乱するトリックスターであって、悪魔ではない。その証拠に、彼らは人間の態度次第では、悪事を止め、守護神的な働きを見せる。高知県には、山姥が取り憑《つ》いた家は、急速に栄えるという伝承があるほど、両義的な存在である。

西洋の民話となれば、悪玉と善玉が峻別《しゅんべつ》されていて、その両者の対立構造の中で、物語が進展していく。だから英雄が、美女の前で悪魔的存在と勇敢に戦い、ついにそれを打ち負かすというドラゴン・ファイトのモチーフが不可欠となっている。

このように日本文化では、神と人、善と悪、生と死が二項対立的に扱われることがなく、曖昧な関係に置かれている。そのことからもわかるように、日本文化の特質は、まさに「曖昧」であることだ。

大江健三郎が川端康成のノーベル賞受賞記念講演「美しい日本の私」を揶揄するかのように「あいまいな日本の私」という講演をしたことは、よく知られている。たしかに大江が指摘するように、日本は近代史における政治的責任を曖昧にしてきた面があるのは事実だが、わが国が「曖昧」を特質とする文化をもっていることは、じつはマイナス面よりも、プラス面のほうが大きい。

中東諸国の駐日大使などに会うと、ヒロシマとナガサキに原爆を落とされた日本人が、なぜもっとアメリカに対して怒ったり、憎んだりしないのか不思議だといわれることがあるが、神話に悪魔不在の国民には、骨髄に徹した恨みを持続させることはできないのだ。

近代文明が二項対立的な性格を強く帯び、そのために深刻な亀裂が生じていることを思えば、そのような曖昧さが貢献し得る余地は小さくない。私が「二十一世紀と述語的論理」（『あいまいの

〈知〉』）という論文で訴えたように、それらの引き裂かれる立場にある二極を包み込むことができるのは、懐の深い「曖昧」さをおいてない。

そのような亀裂は、文明と文明、国家と国家、南半球と北半球、科学と宗教、自然と人間、富裕層と貧困層、個人と共同体、個人と個人の間に見出すことができる。分裂好きな近代人は、とうとう核分裂を利用する原爆まで作ってしまったが、後世の歴史家は近代のことを大航海時代ならぬ「大分裂時代」と名づけるかもしれない。

しかし日本がその特質を積極的に生かして、「大分裂時代」に世界史的貢献をするためには、日本人自身が曖昧であることを、まったく曖昧ではないかたちで明確に自覚することが、第一条件となる。

今まで日本人の弱みとされてきたことが、国際社会に役立つのである。それには国民のコペルニクス的意識転換と、異文化の人たちに向かって、自分たちの世界観を説得的に語るだけの逞しい表現力が必要となる。

まったく文脈は異なるが、映画『不都合な真実』の中で、アル・ゴアが一切メモも見ず、地球温暖化についてわかりやすいデータをスライドで見せながら、畳み込むように語る論理性と説得力には感銘した。

私もアメリカの大学の教壇に立っていた時期が長いので、多少はプレゼンテーションのノウハウを身につけているつもりではあるが、ゴアのようにはいかない。日本人が本気で国際化ということを考えているのなら、まず表現力を手に入れなくてはならない。

必ずしも饒舌《じょうぜつ》であることがよいわけではないが、説得力のある論理的な話し方は、小学校あたりからトレーニングしないと身につかないであろう。東京大学はじめ、日本の名門といわれる大学のいくつかで教鞭をとったことがあるが、学生の表現力不足は共通した問題であり、そのような大学を卒業した若者が、将来、わが国のエリート層を形成していくとしたら、それが大きく国益を損ねることにならないかと危惧される。

日本がグローバリズムの大波に呑み込まれてしまわないためにも、国際舞台で通用するような磨かれた表現力を身につけた日本人が一人でも多く登場してくることが待望される。

「文明の車間距離」を維持せよ

日本がいつまでも国家のアイデンティティを作れないでいる理由の一つは、アメリカに寄りかかり過ぎていることにある。敗戦国の日本を民主国家として支えてくれたアメリカに対する国民感情は、あくまで好意的であり、日ソ不可侵条約を一方的に破棄して、無条件降伏が確実な日本に突然、攻撃をしかけてきたロシアに対するものとは根本的に異なる。

その好意的感情は、昨今のアメリカ政治の行き過ぎに対する批判の目とは別に、今も根強く存在している。でなければビジネス、アカデミズム、大衆文化などの多分野にわたって、アメリカに対する憧れなど、とっくに廃れているはずだ。

しかし親に甘えていた子供も、ひとたび成長すれば、一個の人格として親に向かい合わなければならない。アメリカとの関係において、本質的に乳離れができていないことに、日本国家の重篤な問題がある。悪魔の不在の神話をもつ国が、つねに仮想敵を必要とする国と歩調を合わせようとするのは、文化的にも思想的にも無理なことは自明ではなかろうか。

ところで、私は二〇〇〇年末に長い海外生活を終えて、日本に戻ってきたとき、自分の半生を記録しておくために『文明の衝突を生きる――グローバリズムへの警鐘』（法蔵館）という本を書いたことがある。青年期の禅寺での修行体験と、その後のアメリカでの留学体験が、質的に隔絶したものであったため、その衝撃から得ることになった私なりの未来への展望を世に問いたかったのである。

その本の中で、私は「文明の車間距離」という言葉を初めて遣った。日本が今後もアメリカと親密な関係を維持していかなくてはならないことは、今さら言を待たない。とはいえ、アメリカに対してけっして従属的な関係に陥ってはならず、大きな文明史の流れの中で、日本が置かれている特異な位置を明確に自覚しながら、国際外交を進めていかなくてはならない。

「帝国」の運命として、超大国アメリカがどれだけ繁栄していようとも、遠からず下降線をたどらざるを得ず、そのとき日本が下降のスパイラルに巻き込まれないように、適度な距離を保つべきというのが、「文明の車間距離」という考えである。

アジアで最初に近代化に成功し、大規模戦争の勝利と敗北の双方を体験し、しかも被爆体験までもつ国として、日本は二十一世紀に果たすべき大きな使命を帯びている。それは〈力〉の文明にとって変わる新しい文明のかたちを作っていくという仕事である。

それにはまず、今までさほど注目されることのなかったアジア的価値観を世界に向けて発信していかねばならない。アジア的価値観とは、多神教的コスモロジーのことであるが、まずは一神教的コスモロジーとのバランスを回復しないことには、次の無神教的コスモロジーへと進展していくことは難しい。

もちろん、アジアの中には日本以外にも、中国やインドをはじめとして、これからその存在感を増してくる国々が少なからずある。それらの将来性のある国が、従来型の文明形態の中で繁栄を求めるという間違いを犯さないように、水先案内役ができるのは、アジアで真っ先に近代文明を享受しはじめた日本だけである。

実際に政治、軍事、経済などの各方面において、アメリカの影響力が急速に低下しつつあるのは、誰の目にも明らかである。ジョージ・ブッシュは偶然ではなく、歴史の必然性の中で大統領に選ばれたのである。彼の失政は無意味ではなく、近代文明が次なる段階に移行していくためにお膳立てされた歴史の舞台装置の一つであった。

アジアが開かれた共同体として連帯感を強め、文明の転換期に起きる政治的混乱にもちこたえ、その上で新たな文明のかたちを構築するために、力を合わせていかなくてはならない。

日本は、その旗ふり役を買って出てもよいのではないだろうか。そのためには、いつまでも靖国神社問題や領土問題などの各論でつまずいているのは、賢明ではない。しっかりとした歴史観をもったスケールの大きい政治家が一人でも多く登場してくることが、強く望まれる。

日本は「〈愛〉の枢軸国」たれ

それにしても、唯一の被爆国として人類史の悲劇を日本が受け止めざるを得なかったことは、翻って考えれば、この国が近代文明における最初の「〈愛〉の枢軸国」として立ち上がる可能性が与えられたということを意味するのではなかろうか。それでこそ、壮絶な十字架の死を遂げたヒロシマとナガサキの被爆者へのほんとうの慰霊ができるというものだ。

日本が国連の常任理事国になろうとしてなれないのは、五大国の国家エゴが大きく立ちはだかっているという面もあるが、それ以上に、わが国が諸外国から、真の意味で尊敬も信頼もされていないからである。

そういう立場をロビイスト活動で勝ち取ろうとするよりも、他国から後ろ指さされないような立派な行動をとっていくことのほうが、よほど大切である。政治家でも外交官でもない私の耳にも、海外の有力者から日本批判の声がよく聞こえてくる。たいていの批判は、日本という国にしっかりとした理念がないことに原因している。

しかし、日本にも国家理念を明らかにしようとした人物が存在した。八世紀の聖徳太子である。彼は十七条憲法の中で、「和を以って、貴《とうと》しとなす」ということを国是の一つとして明言している。国家運営の方法として、「和」というような理念を前面に押し出してきたところは、さすがに聖徳太子だが、私は正直いって、「和」という言葉が好きではない。なぜなら、日本社会で「和」の意味が誤用されているからである。

「和を以って、貴しとなす」というような格調高い言葉が、すっかり「長いものに巻かれろ」という意味にすり替えられてしまっている。そのために権威の前に沈黙し、横並び社会で突出しないことをよしとする社会が出来てしまったのではなかろうか。

そのような社会体制を護持したい人たちにとっては、「和」という言葉は重宝かもしれないが、その抑圧的な「和」の中で、強い個性を抹殺されてしまった有能な日本人も数多くいたはずである。二十一世紀の日本には、「和の国」を卒業して、「〈愛〉の枢軸国」になってほしいというのが、私の秘かな願いである。それは戦後六十年にわたって、世界的な経済力と安定した社会を維持してきた日本にしか、できないことである。ここまで豊かになったのであるから、今度はその豊かさをみずからも楽しみ、それを他者にも分かち与えることを目標とすべきだ。

私とは少しアプローチが異なるが、経済学者、川勝平太も日本の文明史的役割を早くから提唱している啓蒙的な知識人の一人である。

> 争いに対しては、理非曲直をあきらかにしつつも、最後は水に流してきれいさっぱり仲良くし「仲良きことは美しきかな」とたがいにいえることの大切さを日本の文化は教えている。絶対の真理や善を盾にした神々の闘争に加わるよりも、あえて争わず、中立に徹し、醜いことをしないで、美しいことをなす、すなわち「力の文明」を超えて「美の文明」をつくりあげることをもって日本の文明の道(civilized way)としてよいのではないか。(『「美の文明」をつくる』、十四頁)

日本の国際貢献の軸足が〈和〉であれ、〈愛〉であれ、〈美〉であれ、日本人が黙して欧米先進国の足跡をたどるような生き方を止めるときがきたことだけは、明らかである。現代社会に見るさまざまな混乱が、新しい時代を迎えるための胎動であることを祈りたい。

理念なき勤勉士に明日はない

ところで、日本人の特性の一つは、勤勉さである。空襲で灰燼《かいじん》と帰した国をここまで繁栄させることができたのは、ひとえに全国民が力を合わせ、勤勉に働きつづけたことにある。

その勤勉さの人類学的ルーツは、どこにあるのだろうかと、かねてから疑問に思っていたところ、答えは意外なところにあった。中国雲南省の棚田を見たときである。このあたり一帯の少数民族は、標高二千メートル近くもある山の上まで、無数の棚田を作り上げている。

一つひとつの水田の規模は小さいのだが、丁寧に鋤《すき》で土手を固め、文字通り立錐《りっすい》の余地もないほど、山を有効利用している。その結果、芸術的な棚田群が出来上がり、世界各地からカメラマニアを引きつけている。

豊かな水に恵まれてこその棚田だが、「我田引水」といった水の奪い合いがないのか、地元農民に尋ねたところ、ないそうである。すべての田に水が有効に流れ込むような設計ができているわけである。

雲南省付近の少数民族に日本人の一つのルーツがあるといわれているが、まさにわれわれが彼らから受け継いだのは、勤勉さの系譜である。一般的に南方系の民族、とくに男性は勤勉ではないことを特徴とするが、東南アジア北部から雲南省にかけての山岳地帯に暮らす少数民族は、男女ともに勤勉であり、現代日本人のオーバーワークの原型がそこにあることを痛感した。

しかし、問題はその勤勉さに方向性がないことである。休みも返上して懸命に働いて、何を手に入れようとしているのか。雲南省の少数民族にとっては米だったが、現代日本人は、どうなのか。残業手当がなくても、深夜まで働く人たちが大勢いるぐらいだから、金銭のためだけに働いているとは思えない。勤勉さは、日本人のＤＮＡに刷り込まれた情報だから、それは容易に変わることはないと思うが、これからは働くことの意味について、立ち止まって考えてみる必要があるだろう。やはり、理念がいるのである。

理念のないまま経済成長を続け、諸外国に疎まれるよりも、経済成長率が落ちても、国民が次元の高い理念を共有していることのほうが、よほど幸せではなかろうか。

「祈りの心」の継承

私は右翼でもなんでもなく、むしろ総理大臣の靖国神社参拝反対を表明して右翼から嫌がらせを受けたこともある。昭和天皇が高潔な人格の持ち主であったことは言を俟《ま》たないが、歴史的にも政治的にも日本の戦争責任を明らかにし、平和への決意を示すために、敗戦直後に退位すべきだったと考えている。

それにしても、皇室の存在は貴重だ。なぜなら、皇室は政治権力から離れた国民の象徴であるだけでなく、日本文化の象徴でもあるからだ。外国の賓客も天皇に謁見することによって、まざまざと日本文化の奥深さを感じることがあると聞く。

とくに私が心打たれるのは、美智子皇后の思慮の深さである。皇室の存在意義について質問があったとき、お答えになった次の言葉など、その格調の高さは宗教的でさえある。

　人の一生と同じく、国の歴史にも喜びの時、苦しみの時があり、そのいずれの時にも国民とともにあることが、陛下の御旨《みむね》であると思います。陛下が、こうした起伏のある国の過去と現在をお身に負われ、象徴としての日々を生きていらっしゃること、その日々の中で、絶えずご自身の在り方を顧みられつつ、国民の叡智《えいち》がよき判断を下し、国民の意志がよきことを志向するよう祈り続けていらっしゃることが、皇室存在の意義、役割を示しているのではないかと考えます。（『歩み』四三頁）

皇室の存在意義が「祈りである」といえる女性を、皇后として戴いている日本国民は幸せである。世界各国の王室の歴史をなぞってみれば、人民を搾取し、その特権を貪《むさぼ》ってきた人たちの足跡だらけである。

伝統のある英国の王室でさえも、ダイアナ妃の事件はじめ、いろいろなことからスキャンダルまみれになり、国民の約半数がその廃止をしてもよいと考えるようになっている。そういうことを思えば、皇后の「祈り」の言葉には実に重いものがある。

ここでもう一つ、皇后の精神性の高さを浮き立たせる御歌を引用しておこう。

知らずしてわれも撃ちしや春闌《た》くるバーミアンの野にみ仏在《ま》さず

この歌の深さには、思わず唸らざるを得ない。三十年あまり前に天皇と皇后は、バーミアン石仏を訪ねているが、その石仏がタリバンによって破壊されたというニュースを聞かれての歌である。そのような野蛮で非文化的行為をやってのけたイスラム過激派への非難のトーンはまったくなく、その爆破にひょっとしたら自分も手を貸してしまったのではないかという自省の念が詠まれている。

この歌は宗教や民族とは無関係に、人類が背負う罪を我が身に感じながら、祈りの生活を続ける皇后の深い霊性から出てきた叫び声である。そこには崩された石仏と、それを破壊したタリバン兵士、日本にいる自分が一体化した生命のつながりのようなものが感じられる。

ところで、皇室の方々もまた人間なのであるから、大正天皇がそうであったように、精神的あるいは知的障害も含めて、いろいろな病苦もあるはずである。大切なことは、皇室がそれを包み隠さないことである。

皇室が国民の善きことを祈るがゆえに、国民もまた皇室の善きことを祈ることになる。ここからはまったくの仮説であるが、万が一、将来、肉体的あるいは精神的障害をもつ男性なり女性なりが日本の天皇になったとしても、その人の立場と尊厳を国民が理解し、支えていくことができたなら、それこそが「〈愛〉の枢軸国」としての日本の真面目《しんめんもく》ではなかろうか。

人類は永遠ではないという幸せ

地球環境の保護や世界平和は、誰もが願うところであり、人類がそれを目指して、最大限の努力をしなくてはならないことは、今さら口にするまでもない。しかし、かといって人類が永遠に存続できるわけではない。

一九七二年ローマクラブが発表した「人口増加や経済成長を適切に抑制しなければ、地球と人類は環境汚染、食糧不足などによって破局への道を突っ走ることになろう」という『成長の限界』の内容は、確実に現実となりつつある。

現在も多くの動植物が絶滅しつつあるように、人類にもその順番がいつかはやって来るだろう。命あるものは必ず死に絶えるのが、生物学的に動かしがたい事実である。それによって、あらゆる生命は進化してきたのである。しかも幸か不幸か、科学技術が加速度的に進歩しつつあるので、そのぶん人類の終末は、われわれが考えているよりも早くやって来るかもしれない。猛スピードで走る車のガソリンが、のろのろと走る車よりも、先に切れるのと同じである。

生物だけではない。地球そのものにも、寿命があるにちがいない。ラブロックも、四十億年生きてきた地球に残された寿命は、あと二十億年ぐらいだろうと予測している。

彼は、さらに地球はその終焉に向かって、温度を上げていくとしているが、地球温暖化現象は人間の営みによる二酸化炭素排出だけではなく、もっと大きなスケールで始まっているのかもしれない。

地球や人類に終わりがあるという考え方が、けっして悲観的なわけではない。われわれだって二百年、三百年と生きつづけるとしたら、それは幸せなことだろうか。たとえ医療技術が発達し、ある程度まで老化現象を抑えることができるとしても、この世に半永久的に踏みとどまることを希望する人は、きっとそれほど多くはあるまい。

限られた肉体条件の中で刻々と死が迫ってくるからこそ、われわれは真摯に反省もし、今日という日の生活態度を改めようとするのである。宗教や文化の違いを超えて、人間がもつ倫理観の核心には、人の道を踏み外さず、なんとかよい死に際を迎えたいという思念がある。

それと同じで、人類は永遠に存続するというような幻想は、もたないほうがよい。むしろ、人類の終焉が迫っていると自覚し、残された時間をいかに有意義に過ごすかということを考えたほうがよい。

永遠に続くと思うから、「オレがオレが」の世界になるのである。どれだけ自分の家族や企業のために尽くしたところで、温暖化で自分の町が水没してしまったり、隕石が衝突して地球が火の海になってしまったりすれば、元も子もない。

そういうことは、まさかあり得ないと考えるのでも、あり得ると考えてパニックになるのでもなく、おおいにあり得ると考えて、今という時間を大切にしたほうがよい。

次世代の宗教は、実感のともなわない救いや、心理的な負担になるような罪を説くのではなく、刻々と終焉に近づきつつある人類に、「今」という時をいかに生き、そしていかに死を迎えるか、なんのてらいもなく、ストレートに語る宗教であってほしい。そして私は、人類最期の看取りをしてくれる宗教が、一神教でも多神教でもなく、無神教の〈愛〉であることを祈っている。

そのためにも、人類はみずからの妄想集合体となっている「宗教」に、勇気をもって勝利をおさめなくてはならないのだ。
ここで再び、私はエックハルトの言葉を引用してみたい。そして、読者のお一人お一人が、そのことについて思索をいよいよ深めて下さることを心から願いながら、筆を擱《お》くことにする。

人は決して考えられた神に満足すべきではない。考えが消えると、神もまた消えるからである。われわれは、被造物や人間の考えを遙かに超えた実在する神を有たなければならない。そのように神を有つ人こそ、神を神として受け取る人である。その人には神があらゆるものにおいて輝き給うのである。（『エックハルト』、三一八頁）

参考文献

赤堀雅幸、東長靖、堀川徹編著『イスラーム地域研究叢書7　イスラームの神秘主義と聖者信仰』東京大学出版会、二〇〇五
L・アンドルーズ、D・ネルキン『人体市場——商品化される臓器・細胞・DNA』野田亮、野田洋子訳、岩波書店、二〇〇二
石黒マリーローズ『聖書で読むアメリカ』PHP新書、二〇〇六
石牟礼道子『DVD　海霊の宮』藤原書店、二〇〇六
一条真也『ユダヤ教VSキリスト教VSイスラム教——「宗教衝突」の深層』大和書房、二〇〇六
岩田慶治『アニミズム時代』法蔵館、一九九三
E・H・エリクソン『ライフサイクル、その完結』(増補版)村瀬孝雄、近藤邦夫訳、みすず書房、二〇〇一
ケン・ウィルバー『無境界——自己成長のセラピー論』吉福伸逸訳、平河出版社、一九八六
ヴァミク・ヴォルカン『誇りと憎悪——民族紛争の心理学』水谷驍訳、共同通信社、一九九九
上田閑照『エックハルト——異端と正統の間で』講談社学術文庫、一九九八
上田閑照『十牛図を歩む——真の自己への道』大法輪閣、二〇〇二
大原壮比古『アングロサクソンと日本人の差——グローバル環境への対応』新風舎、二〇〇六
大貫隆、金泰昌、黒住真、宮本久雄編『一神教とは何か——公共哲学からの問い』東京大学出版会、二〇〇六
カール・ケレーニイ『ディオニューソス——破壊されざる生の根源像(新装復刊)』岡田素之訳、白水社、一九九九
金子晴勇『キリスト教思想史入門』日本基督教団出版局、一九八三
鎌田茂雄『華厳の思想』講談社学術文庫、一九八八

鎌田東二、鶴岡真弓編著『ケルトと日本』角川選書、二〇〇〇
河合隼雄ら編『岩波講座宗教と科学3　科学時代の神々』岩波書店、一九九二
河合隼雄『対話する生と死』潮出版社、一九九三
河合隼雄、中沢新一編『「あいまい」の知』岩波書店、二〇〇三
川勝平太『「美の文明」をつくる――「力の文明」を超えて』ちくま新書、二〇〇二
梯實圓『妙好人のことば――わかりやすい名言名句』法蔵館、一九八九
岸田秀、小滝透『アメリカの正義病・イスラムの原理病――一神教の病理を読み解く』春秋社、二〇〇二
義玄『臨済録』朝比奈宗源訳注、岩波文庫、一九三五
ミヒャエル・クンツェ『火刑台への道』鍋谷由有子訳、白水社、一九九三
宮内庁侍従職監修『歩み――皇后陛下お言葉集』海竜社、二〇〇五
小坂国継『西田幾多郎の思想』講談社学術文庫、二〇〇二
小牧治、泉谷周三郎著『ルター』清水書院、一九七〇
エドワード・W・サイード『オリエンタリズム』今沢紀子訳、平凡社、一九八六
チャールズ・シーガル『ディオニュソスの詩学』山口拓夢訳、国文社、二〇〇二
リー・M・シルヴァー『人類最後のタブー――バイオテクノロジーが直面する生命倫理とは』楡井浩一訳、日本放送出版協会、二〇〇七
スー・ベンダー『プレイン・アンド・シンプル――アーミッシュと私』伊藤礼訳、鹿島出版会、一九九二
『聖書』新共同訳、日本聖書協会、二〇〇二
ソルジェニーツィン『収容所群島――1918-1956文学的考察1～6』木村浩訳、新潮文庫、一九七五-七八
佐々木信綱監修『古事記（上）』神田秀夫ら校註、朝日新聞社、一九六二
鷹木恵子『北アフリカのイスラーム聖者信仰――チュニジア・セダダ村の歴史民族誌』刀水書房、二〇〇〇
竹下節子『キリスト教』講談社選書メチエ、二〇〇二

竹内整一、月本昭男編著『宗教と寛容――異宗教・異文化間の対話に向けて』大明堂、一九九三
田坂広志編著『ガイアの思想――地球・人間・社会の未来を拓く』生産性出版、一九九八
玉城康四郎『仏教の根底にあるもの』講談社、一九八二
田丸徳善、星川啓慈、山梨有希子『神々の和解――二一世紀の宗教間対話』春秋社、二〇〇〇
道元『正法眼蔵』水野弥穂子校注、岩波文庫、一九九〇
『NATIONAL GEOGRAPHIC　日本版』二〇〇六五月号、日経ナショナルジオグラフィック社、二〇〇六
『ナグ・ハマディ文書Ⅱ　福音書』荒井献ら訳、岩波書店、一九九八
nanaco『MANDALA　光の旅――釈迦如来』日本放送出版協会、二〇〇六
F・W・ニーチェ『キリスト教は邪教です！――現代語訳「アンチクリスト」』適菜収訳、講談社＋α新書、二〇〇五
ニーチェ『善悪の彼岸』竹内道雄訳、新潮文庫、一九五四
西田幾多郎『西田幾多郎全集第十一巻』岩波書店、一九六五
『日本思想大系二十五　キリシタン書・排耶書』海老沢有道ら校注、岩波書店、一九七〇
橋口倫介『十字軍――その非神話化』岩波新書、一九七四
橋爪大三郎『世界がわかる宗教社会学入門』ちくま文庫、二〇〇六
H・バターフィールド『近代科学の誕生（上）（下）』渡辺正雄訳、講談社学術文庫、一九七八
ジョルジュ・バタイユ『エロティシズムの歴史』湯浅博雄、中地義和訳、哲学書房、一九八七
半田元夫、今野国雄『キリスト教史（Ⅰ）（Ⅱ）』（世界宗教史叢書）山川出版社、一九七七
サミュエル・ハンチントン『文明の衝突』鈴木主税訳、集英社、一九九八
福永光司『新訂中国古典選第6集　老子』朝日新聞社、一九六八
フランシス・フクヤマ『歴史の終わり（上）（下）』渡部昇一訳、三笠書房、一九九二
J・C・ブラウァー『アメリカ建国の精神――宗教と文化風土』野村文子訳、玉川大学出版部、二〇〇二
スティーブン・ホーキング、レナード・ムロディナウ『ホーキング、宇宙のすべてを語る』佐藤勝彦訳、ラ

ンダムハウス講談社、二〇〇五
マザー・テレサ『マザー・テレサ日々のことば』いなますみかこ訳、女子パウロ会、二〇〇〇
町田宗鳳『文明の衝突を生きる――グローバリズムへの警鐘』法蔵館、二〇〇〇
町田宗鳳『縄文からアイヌへ――感覚的叡智の系譜』せりか書房、二〇〇〇
町田宗鳳『なぜ宗教は平和を妨げるのか――「正義」「大義」の名の下で』講談社+α新書、二〇〇四
町田宗鳳『前衛仏教論――〈いのち〉の宗教への復活』ちくま新書、二〇〇四
町田宗鳳『すぐわかる世界の宗教――古代の神話から新宗教まで』東京美術、二〇〇五
Soho Machida「Life and Light, the Infinite : A Historical and Philological Analysis of the Amida Cult」Department of Oriental Studies University of Pennsylvania, 1988
南研子『アマゾン、森の精霊からの声』ほんの木、二〇〇六
宮崎賢太郎『カクレキリシタンの信仰世界』東京大学出版会、一九九六
本村凌二『多神教と一神教――古代地中海世界の宗教ドラマ』岩波新書、二〇〇五
安田喜憲『一神教の闇――アニミズムの復権』ちくま新書、二〇〇六
ムハマド・ユヌス、アラン・ジョリ『ムハマド・ユヌス自伝――貧困なき世界をめざす銀行家』猪熊弘子訳、早川書房、一九九八
養老孟司『バカの壁』新潮新書、二〇〇三
ヨハネス・エックハルト『エックハルト説教集』田島照久編訳、岩波文庫、一九九〇
ヨランデ・ヤコービ『ユング心理学』池田紘一ら訳、日本教文社、一九七三
頼住光子『道元――自己・時間・世界はどのように成立するのか』日本放送出版協会、二〇〇五
ルター『世界大思想全集　社会・宗教・科学思想篇第二九（ルター、カルヴィン）』小平尚道ら訳、河出書房新社、一九六二
ルター著作集委員会編『ルター著作集　第一集　第一巻』神崎大六郎ら訳、聖文舎、一九六四

あとがき

宗教研究をこととする学者がしたためる本としては、本書はいささか問題書かもしれない。しかし、本書を中途で投げ出さず、最後までお読みくださった読者には、すでにご理解頂いたと思うが、私が批判しているのは、宗教そのものというよりも、宗教の仮面をかぶった人間の思惑である。

私は、反宗教論者ではない。告白めいたことをいえば、私の個人生活は、特定の宗旨宗派にこだわることがなくても、どこまでも宗教的である。旅行に出ていないかぎり毎朝、神棚や仏壇の前で手を合わせることを欠かしたことはない。年に何度かは墓参にも出かけるし、海外に出ても教会やモスクを訪れて静かに祈ることがある。

『人類は「宗教」に勝てるか』『なぜ宗教は平和を妨げるのか』（講談社＋α新書）『前衛仏教論』（ちくま新書）など一連の勇ましいタイトルがつけられた書物の著者にしては、けっこう迷信深いふつうの日本人である。

そんな自分が本書を書いてみたいと思ったのは、日本人が素晴らしい精神文化をもちながら、その意味を十分に理解せず、宝の持ち腐れになっていると感じているからである。海外生活が長かったからこそ、私は日本的なるものの中にある普遍性ということについて、しばしば思いを巡らせるようになった。

また宗教への思い込みから、自分の生き方をずいぶん窮屈なものにしている人もいるかと思えば、反対に宗教的なものにまったく無関心のため、もう一つ人生に深みを見出せないでいる人もいる。そういう人たちにも、宗教とはいったいなんなのかと、もう一度、考え直してもらいたいという気持ちがあった。

本書は二〇〇六年秋から二〇〇七年春にかけて執筆したが、その間、所用あってデンマーク、ノルウェー、スウェーデン、ヨルダン、イスラエル、台湾、韓国、中国と、続けざまに旅することがあった。どこにいても人間社会にとって、宗教がどういう意味をもつのかという思索を重ねながら、あるときは飛行機の中で、あるときは長距離バスの中で書き綴った。

私は旅に出てもほとんど写真を撮ることがない代わりに、なるべく人間観察をするようにしている。そしてそのような観察から学んだことだが、人間の幸不幸を定めるのは、宗教でも政治でも経済でもないように思う。

では、何がそれを決めるのかといえば、人間の知恵の深さである。日本人が知恵の深い国民になってくれるのなら、日本の経済力が世界で十番目になろうが二十番目になろうが、私は落胆などせず、むしろ祝福したい。

いや、実際には私が本書に記したようなことは、十分に理解している知恵の深い国民はたくさんおられると思う。ただ、そういう人たちの気づきが言語化されたり、理論化されたりしていないために、広く社会に共有されるにいたっていない。そういう思いもあって、本書を出版して世間に問う決意をした次第である。

ところで若いおり、ほとんど学歴のない無名の僧侶であった私が、アメリカにおいて高度な教育を受ける機会を与えられたことは、一つの奇跡であった。また二人の息子たちも、父親への反発から理系の学問に関心をもつことになったが、アイビーリーグの大学で内容の濃い教育を受けさせてもらっている。そういうことが実現できたのも、アメリカ国民から物心両面にわたる支援を受けることができたからである。

そのへんに超大国アメリカの懐の深さがあるように思えてならない。本書において展開する私の辛辣なアメリカ批判は、かの国から受けた個人的恩恵に対する深い感謝の念が基層にあることを読者にお伝えしておきたい。

本書は比較宗教学者として、私の思索のひとつの区切りを示すものとなったが、知恵の浅い私が漠然と胸に抱き続けてきた考えを一冊の本としてまとめられることができたのは、多くの知恵深い友人と、書物との貴重な出会いがあったからこそである。そのことに改めて感謝したい。また本文中で引用させてもらった個人名に敬称を省略した非礼もここでお詫び申し上げておく。

末筆ながら、ＮＨＫブックスの編集長向坂好生氏と五十嵐広美氏に、さまざまなかたちで応援していただいたことを衷心より感謝したい。

私は読者とのご縁を大切にしたいと願い、全国各地で語らいの場「風の集い」を開いており、最近はＳＯＨＯ禅というオリジナルな瞑想を実践したりしている。興味のある方は、ご参加くだされば光栄である（http://home.hiroshima-u.ac.jp/soho/ 参照）。

読者お一人お一人の心の中に〈愛〉の光が差し込むことを祈りつつ。

平成十九年四月

町田宗鳳

町田宗鳳——まちだ・そうほう

●1950年京都府に生まれる。14歳で出家し、以来20年間、京都の臨済宗大徳寺で修行。1984年に寺を離れ渡米。ハーバード大学神学部で神学修士号およびペンシルヴァニア大学東洋学部で博士号を得る。プリンストン大学東洋学部助教授、国立シンガポール大学日本研究学科准教授、東京外国語大学教授を経て、現在は広島大学大学院総合科学研究科教授、オスロ国際平和研究所客員研究員（ノルウェー）、国際教養大学客員教授、日本宗教学会評議員。専攻は比較宗教学、比較文明論、生命倫理学。

●著書に『＜狂い＞と信仰』『「生きる力」としての仏教』(以上、PHP新書)、『「野性」の哲学』『前衛仏教論』(以上、ちくま新書)、『法然対明恵』『山の霊力』(以上、講談社選書メチエ)、『なぜ宗教は平和を妨げるのか』(講談社＋α新書)、『思想の身体——狂の巻』(共著、春秋社)、『「グレート・スピリット」の教え』(佼成出版社)、『すぐわかる世界の宗教』(東京美術)など多数。

NHKブックス［1085］

人類は「宗教」に勝てるか　一神教文明の終焉

2007(平成19)年5月30日　第1刷発行

著　者　町田宗鳳
発行者　大橋晴夫
発行所　日本放送出版協会
東京都渋谷区宇田川町 41-1　郵便番号 150-8081
電話　03-3780-3317（編集）　048-480-4030（販売）
http://www.nhk-book.co.jp
振替 00110-1-49701
［印刷］太平印刷社　［製本］笠原製本　［装幀］倉田明典

落丁本・乱丁本はお取り替えいたします。
定価はカバーに表示してあります。
ISBN978-4-14-091085-6 C1314